TEDDYBÄREN
Das neue kompakte Bestimmungsbuch

TEDDYBÄREN
Das neue kompakte Bestimmungsbuch

Margaret und Gerry Grey

KÖNEMANN

Copyright © 1996 Quintet Publishing Limited.
All rights reserved. No part of this publication may be
reproduced, stored in a retrieval system or transmitted in
any form or by any means, electronic, mechanical,
photocopying, recording or otherwise, without the
permission of the copyright holder.

This book was designed and produced by
Quintet Publishing Limited
6 Blundell Street
London N7 9BH

Creative Director: Richard Dewing
Designer: James Lawrence
Project Editor: Anna Briffa
Editor: Jane Donovan
Photographers: Nick Bailey and Jeremy Thomas

Original title: Identifying Teddy Bears

© 1997 für die deutsche Ausgabe
Könemann Verlagsgesellschaft mbH,
Bonner Str. 126, D-50968 Köln
Übersetzung aus dem Englischen:
Inge Kahlix, Köln
Redaktion & Satz der deutschen Ausgabe:
Thomas Heider, Bergisch Gladbach
Druck und Bindung:Leefung-Asco Printers Ltd.
Printed in China

ISBN 3-89508-509-X

INHALT

EINFÜHRUNG 6

   Vom Spielzeugbär zum Teddybär (1903–1918) 7

   Teddybären-Großhändler in den USA und Großbritannien 8

   Bären zwischen den Weltkriegen (1919–1939) 11

   Neubeginn (1946–1960) 13

   Die Epoche der limitierten Editionen 14

TEDDYBÄREN-PORTRÄTS

   Vom Spielzeugbär zum Teddybär 18

   Zwischen den Weltkriegen 26

   Neubeginn nach dem Krieg 40

   Limitierte Editionen 50

   Die Zeit der Teddybärenkünstler 64

   Teddybären-Galerie 67

WO UND WIE KAUFT MAN TEDDYBÄREN? 77

WEITERE INFORMATIONEN UND ADRESSEN 80

Einführung

Vor etwa fünfzehn Jahren trat ein talentierter, aber damals noch recht unbekannter Schauspieler namens Peter Bull im britischen und amerikanischen Fernsehen auf und bekannte sich zu seiner Leidenschaft für Spielzeugbären. Damit war er der erste, der auf diese Weise öffentlich auf die Freude am Sammeln von Teddybären aufmerksam machte. Kaum jemand wußte damals, was ein Arctophiler eigentlich ist, nämlich ein Liebhaber von Teddybären, und erst recht nicht, was es heißt, diese Plüschtiere zu sammeln.

In den USA, damals und heute die führende Teddybären-Nation der Welt, hatte man den nötigen Enthusiasmus, dieses neue Phänomen bis in die achtziger Jahre hinein lebendig zu erhalten. Es vergingen dann noch einige Jahre, bevor sich dieses Fieber auf andere Teile der Welt ausbreitete. Mittlerweile gehören Teddybären überall zu den beliebtesten Sammlerobjekten. In den letzten Jahren schnellten die Preise für Bären jeder Art gewaltig in die Höhe; ihren bisherigen Gipfel erreichten sie auf einer Auktion im Jahre 1989 mit dem Verkauf von „Happy" zum Rekordpreis von 86 000 Dollar. Es ist überflüssig zu erwähnen, daß alle Sammler darauf hoffen, eines Tages auf ihren eigenen „Happy" zu stoßen. Das Sammeln von Teddybären bedeutet dabei aber viel mehr als nur eine gute Geldanlage.

Viele haben versucht, die Anziehungskraft von Teddybären zu erklären. Das mag zwar eine Herausforderung sein, ist jedoch ein nutzloses und wahrscheinlich auch unlösbares Unterfangen. Der Name „Happy" steht für den Inbegriff von Bärenschönheit und -persönlichkeit, die wir bei unseren eigenen Teddys suchen. Ein Blick in seine schönen großen Augen, und schon sind wir verzaubert! Liebe und Zuneigung – das vor allem sollten Sie beim Anblick eines Bären empfinden… und nicht insgeheim seinen Marktwert schätzen. Am besten sammeln Sie nur die Teddybären, die Ihnen gefallen, und nicht jene, die Sie für wertvoll halten. Dann werden Sie auch nie enttäuscht. Sowieso ist für die meisten von uns der kostbarste Bär der Sammlung immer noch der allererste Petz, der seit den Kindheitstagen zärtlich geliebt und umsorgt wurde.

OBEN: „Happy" – ein Steiff-Bär aus dem Jahre 1926, hier in seiner Rolle als Maskottchen der Tagung „Teddies of the World '93".

VOM SPIELZEUGBÄR ZUM TEDDYBÄR (1903–1918)

Die Anfänge des Teddybären reichen möglicherweise zurück bis ins Mittelalter. Schon zu dieser Zeit übten wilde Bären eine eigenartige Faszination auf die Menschen aus. Leider wurden aber viele arme und gequälte Kreaturen überall in Europa zum puren Vergnügen als Tanzbären mißbraucht. Im neunzehnten Jahrhundert fing man dann an, Bären in Zoos zu halten – und wieder zur Unterhaltung der Massen.

Ende des 19. Jahrhunderts besuchte ein junger Mann aus Giengen an der Brenz öfters den Stuttgarter Zoo – es war Richard Steiff, ein Neffe der bekannten Spielzeugfabrikantin Margarete Steiff. Ihn interessierten zwar alle Tiere, aber die Bären zogen ihn magisch an. Bereits seit fünf oder sechs Jahren stellte die Firma Steiff Spielzeugbären her, allerdings entsprachen diese eher dem Bild eines ausgewachsenen Bären und eigneten sich zudem kaum zum Spielen. Richard fertigte Zeichnungen von kleinen, jungen Bären an, und diese dienten gegen Ende des Jahres 1902 als Entwurf für den Steiff-Prototypen des ersten Spielzeugbärs.

Dieses Exemplar gehörte zu einer Lieferung beweglicher Teddybären mit flexiblen Gelenken, die als Teil einer Ladung Spielwaren Anfang 1903 nach New York verschifft wurde. Mit der langen, geschorenen Schnauze, den sehr langen Armen, einem gedrungenen Körper, großen Füßen und dem charakteristischen Buckel ähnelte er im großen und ganzen einem lebenden Bären.

Man bedenke die Zeitspanne vom Entwurf bis zur Produktion dieser neuen Modelle! Am 16. November 1902 erschien in der *Washington Post* Clifford Berrymans legendäre Karikatur von Präsident Theodore (Teddy) Roosevelt. Damals waren die Kommunikationsmöglichkeiten noch sehr begrenzt, deshalb bezweifeln wir, daß diese Karikatur irgendeinen Einfluß auf Richard Steiff ausgeübt hat, wie oft behauptet wird.

Hingegen ist es durchaus denkbar, wenn auch nicht bewiesen, daß jene Karikatur die Idee lieferte für die ersten in Amerika hergestellten Spielzeugbären der russischen Einwanderer Morris und Rose Michtom, die einen Spielzeug- und Schreibwarenladen in Brooklyn, New York, betrieben. In der Folgezeit – wahrscheinlich etwas später im Jahre 1903 – wurden die Spielzeugbären der Michtoms vom Großhandelshaus Butler Brothers aufgekauft und überall in den Staaten verbreitet.

Es braucht seine Zeit, ein hochwertiges Spielzeug zu entwerfen, zu entwickeln, eine bestimmte Menge davon zu produzieren und nach Übersee zu exportieren. So ist es sehr wahrscheinlich, daß der Steiff-Spielzeugbär tatsächlich der erste Teddybär der Welt war. Und doch können auch die Michtoms, Begründer der Ideal Toy and Novelty Co., mit Recht zu den Pionieren der Original-Teddybären gezählt werden. Es war schon ein unglaublicher Glücksfall, daß Herman Berg von der weltberühmten amerikanischen Spielwarenimportfirma George Borgfeldt im März 1903 auf der Leipziger Spielzeugmesse in letzter Minute 3 000 Steiff-Bären bestellte, für die sich sonst niemand interessiert hatte.

Während der Steiff-Bär einem lebendigen Bären sehr ähnlich sieht, erinnerte das Modell von Ideal mehr an das Bärenjunge in der Karikatur von Berryman und kommt deshalb dem Teddybär, wie wir ihn kennen, sehr viel näher. Clifford Berryman zeichnete noch viele Cartoons, die sich um Präsident Roosevelt drehten; und vielleicht gaben diese den Ausschlag für den heutigen Begriff „Teddybär".

In jenen frühen Jahren entwickelten beide Firmen ihre eigenen Modelle, es dauerte jedoch nicht lange, bis Steiff die Führung auf dem Weltmarkt übernommen hatte. Dazu trugen sowohl größere Erfahrung bei Spielzeugentwurf und -herstellung als auch Richards phantasievolle Ideen für Bären von großer Vielfalt und hoher Qualität bei. Hingegen scheinen sich die Bären von Ideal seit ihrem ersten Entwurf kaum verändert zu haben.

Der erste Bär von Steiff aus dem Jahre 1903 wurde als 55PB geführt, später, zu Beginn des Jahres 1904, folgte der 35PB. Beide Bären hatten Scheibengelenke, die mit einem starken Zwirnfaden zusammengehalten wurden. Leider erwiesen sie sich als ziemlich unpraktisch und gingen so schnell kaputt, daß Steiff für kurze Zeit zu Gelenken mit doppeltem Draht überging, die aber zu gefährlich waren.

Das führte schnell zur Entwicklung jener Bären, bei denen ein Metallstab durch den Oberkörper lief, an dem die Arme befestigt wurden. Ein vertikaler T-Stab verband diesen mit dem Kopf, an einem wei-

---

– TEDDYBÄREN-GROSSHÄNDLER IN DEN USA –

Einflußreiche Großhändler bzw. Importeure, die für die Verbreitung des Teddybären überall in den Staaten sorgten, sollen hier nicht unerwähnt bleiben. Viele motivierten die Hersteller zur Produktion und Lieferung von Teddybären, von denen einige dann vielleicht unter ihrem eigenen Namen vermarktet wurden.

GEORGE BORGFELDT & COMPANY war die bedeutendste Großhandelsfirma; ihr ist der folgenschwere Einkauf der ersten 3 000 Teddybären der Firma Steiff auf der Leipziger Spielwarenmesse im Jahre 1903 zu verdanken. Wäre dies nicht geschehen, hätten wir vermutlich niemals eine Teddybärmanie erlebt! Borgfeldts Einfluß auf die Spielzeugindustrie war enorm.

BUTLER BROS. übernahm Vermarktung und Vertrieb der ersten Ideal Toy and Novelty Co.-Teddybären. Ab 1908 vertrieb diese Firma außerdem eine Reihe von Steiff-Bären.

STROBEL & WILKEN CO. ist als Großhändler für Bruin Man. Co. erwähnenswert.

E. L. HORSMAN & COMPANY vertrieb Hecla- und Aetna-Bären. Horsman & Co. gebrauchte im Dezember 1906 in einer Anzeige im amerikanischen Handelsmagazin *Playthings* erstmalig die Bezeichnung „Teddy".

– TEDDYBÄREN-GROSSHÄNDLER IN GROSSBRITANNIEN –

In den frühen bedeutenden Jahren der Spielzeugbären gab es in Großbritannien zwei Hauptimporteure und Großhändler. **Josef Eisenmann** oder „Jo", wie man ihn überall nannte, galt als „König des Spielwarenhandels" von Großbritannien. Eisenmann & Co. waren Spielzeug-Importeure und Großhändler, speziell für Produkte aus Deutschland, aber es war Jo, der J. K. Farnell anregte, doch selbst Teddybären herzustellen, um so die Flut der Steiff-Teddybären einzudämmen. Jo war außerdem der Schwiegervater von Leon Rees, der 1920 zusammen mit Harry G. Stone die berühmten „Chiltern"-Serien produzierte.

Von 1899 bis zum Ausbruch des Ersten Weltkriegs im Jahre 1914 war **Herbert E. Hughes** der einzige Importeur der Steiff-Produkte nach Großbritannien. Die Cieskliks berichten in ihrem Buch *Knopf im Ohr* von der engen Beziehung zwischen Otto Steiff und Hughes. Dessen Hauptkunden in England waren Harrods, Hamleys, Gamages und nicht zuletzt Josef Eisenmann. Durch diese Verbindungen verfügte Herbert mit Sicherheit über ein detailliertes Insider-Wissen über die Firma Steiff und die deutsche Spielzeugindustrie. Im Jahre 1908 importierte er allein für Großbritannien an die 40 000 Steiff-Teddybären. Nach Ausbruch des Ersten Weltkriegs beendete Hughes seine geschäftliche Beziehung mit Steiff.

teren Stab waren die Beine befestigt. Der Kopf wurde von oben gestopft, und um dies zu erleichtern, brachte man eine horizontale Naht von einem Ohr zum anderen an. Dieser Bär wird in der Regel als der 28PB bezeichnet.

Leider ließ sich dieser Bär nur schwer bewegen, und sein großer, runder Körper war für Kinder nur wenig ansprechend. Nur ein Jahr später (1905) wurde deshalb das Modell *Bärli* in der Gruppe der PAB-Bären (PAB = Plüsch, Anscheibung und beweglich) entwickelt. Sein großer Vorzug bestand darin, daß es mit einer Füllung aus Holzwolle und Kapok weicher und folglich kuscheliger war als seine Vorgänger – und viel attraktiver für Kinder!

Das bedeutete den großen Durchbruch und die Wende zum Erfolg für die Firma Steiff. Vermutlich ist der PAB35 der erste einer Reihe von Teddybären, die in sieben Größen produziert wurden, von 17 cm bis zu 80 cm. Dieser Bär hatte weniger Gewicht, sein gegliederter Körper mit konventionellen Doppelscheibengelenken und Metallstab war leichter zu bewegen, und er hielt länger. (Übrigens mißt man die Größe von Bären immer in sitzender Haltung.)

Ungefähr zur selben Zeit produzierte Richard Steiff außerdem den heute berühmten Prototypen – einen kleinen, grauen Bären mit der Bezeichnung Modell 5322 (Größe 33 cm). Nach Auskunft der Archive der Firma Steiff wurden von diesen Bären nur zwei hergestellt, vielleicht noch ein paar andere als Muster. Zweifellos ist er

OBEN: *Die Titelseite des* Sketch *aus dem Jahre 1908 zeigt einen Teddybären bei der Wahlkundgebung für den Präsidentschaftskandidaten Taft in Chicago. Die Bildunterschrift lautet: „Teddybären in der Politik: Nichts als Krawall".*

einer der seltensten Spielzeugbären und möglicherweise der wertvollste Teddy der Welt. Ein Exemplar befindet sich im Steiff-Museum.

Franz Steiff, ein anderer Neffe Margaretes, hatte im Jahr zuvor eine Schutzmarke eingeführt, den „Knopf im Ohr", ein Warenzeichen, das bis heute im Gebrauch ist. Zuerst war es der Knopf mit dem Elefanten; ihm folgte später im selben Jahr (1904) ein blanker Knopf (nicht zu verwechseln mit dem blanken blauen Knopf, der kurze Zeit zwischen 1948 und 1950 verwendet wurde). Im Mai 1905, als Steiff schließlich das unverwechselbare Warenzeichen eintragen ließ, wurde dieser durch einen Knopf mit der Prägung STEIFF ersetzt.

Über die genaue Datierung der Knöpfe gibt es unterschiedliche Ansichten – die meisten Fachleute teilen heute unsere Ansicht, andere glauben, die blanken Knöpfe seien die ersten gewesen.

Möglicherweise wurden beide zur selben Zeit verarbeitet. Es ist jedoch naheliegend, daß der Elefantenknopf der erste war, da ein Elefant das damalige Steiff-Logo darstellte. Es wäre allerdings auch vorstellbar, daß der blanke Knopf als erster eingesetzt wurde, aus dem einfachen Grunde, weil er leichter herzustellen war. In den USA wurde im Jahr 1906 die Bezeichnung „Teddy" eingeführt, und somit war der Weltbürger „Teddybär" offiziell getauft.

In der Zwischenzeit entstanden überall in den Vereinigten Staaten Teddybär-Fabriken (besonders im Umkreis New Yorks). Erfahrung und Geschick der emigrierten Arbeiter aus europäischen Spielzeugmanufakturen, die in Scharen ins Land kamen, trugen das ihre zu dieser Entwicklung bei. Trotz Beteuerung der amerikanischen Hersteller, ihre Teddys seien den Steiff-Bären qualitativ durchaus ebenbürtig, war dies ganz und gar nicht der Fall. Allerdings verdanken wir diesen erfindungsreichen amerikanischen Firmen Spielzeugbären, die pfeifen oder musizieren konnten, und natürlich auch jenen großartigen Teddy mit batteriebetriebenen Leuchtaugen – um hier nur einige der verblüffenden neuen Eigenschaften zu nennen. Und dies blieb nicht ohne Einfluß auf die Hersteller in anderen Ländern.

In Großbritannien begann die Teddybärenproduktion erst im Jahre 1908 mit J. K. Farnell. Leider ließen sich die Briten nicht gleich von seinen Bären begeistern, und Farnell mußte daraufhin fast seine gesamte Produktion in die USA, nach Südafrika und sogar nach Deutschland exportieren.

Der Welthandel mit Teddybären erreichte im Jahre 1907 seinen Höhepunkt, als allein die Firma Steiff knapp eine Million Teddybären produzierte. Einige der aus dem Boden schießenden Firmen stellten lediglich Imitationen von Steiff-Bären her; es gab jedoch auch Neuerer, wie zum Beispiel die Gebrüder Bing. Sie entwickelten als erste den integrierten Federzugmechanismus (1908–1910). Derart ausgestattet, konnten die Bären dann Rollschuh laufen, Kunststücke vorführen, Purzelbäume schlagen und sogar Fußball spielen. Dem Aufschwung folgte kurz darauf eine Krise, die etliche Hersteller in Deutschland und in den USA über Nacht dazu zwang, die Produktion einzustellen. Einige neue Firmen tauchten auf, zum Beispiel Schuco (Schreyer und Co.) und die Gebrüder Hermann KG. Nach Kriegsausbruch im Jahre 1914 waren deutsche Waren in Großbritannien verboten, und das plötzliche Ende der Konkurrenz ermutigte britische Firmen, die eigene Teddybärenproduktion auszuweiten. Viele kopierten anfangs die Steiff-Produkte, begannen jedoch wenig später mit der Herstellung eigener Entwürfe von guter Qualität.

BÄREN ZWISCHEN DEN WELTKRIEGEN (1919–1939)

Kurz nach dem Ersten Weltkrieg wurde der Weltmarkt durch eine Wirtschaftskrise erschüttert; viele Teddybär-Hersteller befanden sich daher plötzlich in finanziellen Nöten und machten Bankrott.

Steiff, bis zu diesem Zeitpunkt ein fest etabliertes und weltweit führendes Unternehmen, versuchte unter enormen Schwierigkeiten, seine frühere Vorrangstellung wiederherzustellen, was durch die gestörten Beziehungen zu Großbritannien und Amerika noch erschwert wurde. Kurzum, die deutsche Spielzeugindustrie mußte sich in Zeiten der Inflation mit knapperen Gewinnen begnügen, und viele einflußreiche Organisationen wie die British Toy Federation warnten die Öffentlichkeit auf ziemlich herablassende Weise vor dem „billigen deutschen Kram".

Wie viele andere Industriezweige begann zu dieser Zeit in Japan auch die Spielzeugindustrie zu expandieren. Ihre preisgünstigen Exporte wurden zu einer Bedrohung für alle anderen Spielwarenhersteller. Auch anderswo – besonders in Frankreich und in Australien – fing man an, für den heimischen Markt zu produzieren.

In den Vereinigten Staaten, damals weltgrößter Spielzeugmarkt, war die Teddybärenproduktion in einem recht desolaten Zustand. Da die Kunden importierte Bären bevorzugten, gelang es damals nur sehr wenigen neuen amerikanischen Unternehmen, Fuß zu fassen; eine Ausnahme bildete vielleicht die Firma Knickerbocker. Etablierten Firmen wie Ideal oder Gund schien die Fähigkeit abhanden gekommen zu sein, ansprechende Teddybären herzustellen.

Dagegen gelang es den britischen Unternehmen, zur ursprünglichen Qualität ihrer Plüschtiere zurückzufinden. In der Folgezeit bewiesen eben diese Firmen, daß sie eigene phantasievolle Modelle produzieren konnten. In den nächsten 20 Jahren konnten sich etliche neue britische Firmen erfolgreich etablieren. Besondere Beachtung

– WICHTIGE TIPS FÜR SAMMLER: DIE ZEIT VON 1919–1939 –

Da es in diesen Jahren weltweit eine Menge Teddybär-Hersteller gab, stehen die Chancen nicht schlecht, einen hochwertigen Petz aus dieser Zeit aufzustöbern. Allerdings sind gut erhaltene Bären von bekannteren Herstellern ziemlich teuer, insbesondere jene aus den zwanziger Jahren.

– COMMONWEALTH TOY AND NOVELTY CO. (1934) –

Dieses amerikanische Unternehmen führte den recht ungewöhnlichen „Feed me"-Teddybären ein. Man konnte den Bären füttern, wenn man an einer Schnur an seinem Hinterkopf zog – denn dann öffnete sich sein Maul, um das Fressen zu schlucken. Zog man einen Reißverschluß am Rücken des Bären auf, ließ sich das „Futter" wieder herausnehmen. Diese Teddys sind zwar keine Schönheiten, aber doch recht ungewöhnlich. Es lohnt sich auf jeden Fall, danach Ausschau zu halten.

– GUND INC. (1906) –

Bei diesem großen Unternehmen überrascht, daß es in den frühen Jahren nur wenige Teddybären produzierte. Bis jetzt konnten nur einige wenige hochwertige Bären aus dieser Zeitspanne identifiziert werden: Ein solcher Petz wäre also eine Entdeckung!

– LOUIS GOLDBERG (1935) –

Dieser britische Hersteller bot „die preiswertesten Plüschtiere Englands" an – mutige Worte. Dabei handelte es sich um einen ziemlich unbedeutenden, schwer zu klassifizierenden Bären, da zu jener Zeit unzählige ähnliche Teddybären hergestellt wurden. Achten Sie auf quadratische Schultern, eng beieinanderstehende Beine, sehr spitz zulaufende, sich verjüngende Arme und auf ein Brustetikett mit der Aufschrift „Hygienic Toys", in der Mitte das Wort „Teddy".

– EDUARD CRAMER (1930) –

Diese deutschen Bären aus den frühen dreißiger Jahren waren eindeutig der „Teddy Baby"-Serie der Firma Steiff nachempfunden. Ein musikalischer, laufender Bär basierte auf dem „Clown" von Steiff, der aus dem gleichen an den Spitzen gefärbten Mohairplüsch gefertigt war. Die Bären hatten komplett geschorene Schnauzen, eingesetzte Augen, Knopfnasen und halb offene Mäuler, die eine rosafarbene Filzzunge enthüllten; es gibt allerdings auch Bären mit geschlossenem Maul.

---

verdient die Firma Merrythought, die im Jahre 1930 gegründet wurde.

Zu jener Zeit erfreute sich eine neue Gattung weich gestopfter Teddybären zunehmender Beliebtheit: „Softanlite" von der Teddy Toy Company, dann „Ahsolight" von W. J. Terry. Chad Valley produzierte die „Aerolite"-Serie, und viele andere Hersteller folgten diesem Trend. Man konkurrierte nun heftig darum, Teddybären als gesundheitlich unbedenkliches Spielzeug auszuweisen, und folglich war die Plakette des amerikanischen Hygiene-Instituts heißbegehrt. Im Jahre 1929, kurz vor der Weltwirtschaftskrise, brachte die Teddy Toy Company als Ersatz für Mohairplüsch einen neuen und billigeren Kunstseidenplüsch auf den Markt; Chiltern zog mit dem „Silky"-Teddy nach und Farnell mit der „Silkalite"-Serie.

In Deutschland hatte man nach dem Ersten Weltkrieg die Produktion wiederaufgenommen, Steiff aber tat sich schwer. Jahrelang hatte die Firma an den alten Entwürfen festgehalten; erst als Richard Steiff um das Jahr 1925 aus den Staaten berichtete, Steiff-Bären wirkten „farblos, nüchtern und langweilig", gaben diese herben Worte dem Unternehmen den nötigen Ruck und führten zu einer neuen Generation origineller Entwürfe. Aus dieser Zeit stammt „Happy"; anscheinend wurden aber nur wenige Exemplare dieses Typs hergestellt.

Die Firma Schreyer und Co., besser bekannt als „Schuco", stieg mit einem einzigartigen Bärenmodell in die Produktion ein – dem „Ja/Nein-Teddy", der mit Hilfe eines im Schwanz verborgenen Steuermechanismus den Kopf heben und senken oder von links nach rechts drehen konnte.

Die Weltwirtschaftskrise der Jahre 1929 bis 1932 erschütterte auch die Grundfesten praktisch aller Teddybärmanufakturen, und angesichts eines drohenden neuen Krieges überrascht es nicht, daß die Vielfalt der Teddys am Ende der dreißiger Jahre längst nicht an die der vorangegangenen 30 Jahre heranreichte.

NEUBEGINN (1946–1960)

Zwei Weltkriege bedeuteten das Ende für viele Teddybärfirmen – sie wurden entweder zerstört oder scheiterten an wirtschaftlichen Schwierigkeiten. Selbst angesehenen Herstellern stand eine harte Zeit bevor bei dem Versuch, aus den Trümmern einen neuen Betrieb aufzubauen. Wer konnte damals schon ahnen, daß sich innerhalb von drei Jahrzehnten die Welt drastisch verändern, das neue technologische Zeitalter und die sogenannte Wegwerfgesellschaft anbrechen würden? Von nun an hielt man die Kinder nicht mehr dazu an, ihr Lieblingsspielzeug zu hegen und zu pflegen – Spielsachen gab es im Überfluß, und man konnte achtlos damit umgehen. Außerdem interessierten sich die Kinder

OBEN: Eine britische Postkarte um 1936 zeigt Ihre Majestät, die Herzogin von York, spätere Queen Mother, mit einem wunderschönen englischen Bären jener Zeit, vermutlich von J. K. Farnell.

nunmehr hauptsächlich für das neueste Spielzeug aus der Fernsehwerbung. Verfügbarkeit von Massenware gehörte zu den Voraussetzungen der Bevölkerungsentwicklung der Nachkriegszeit.

Überraschenderweise waren dennoch gerade qualitätsbewußte Hersteller wie Steiff, Schuco, Hermann, Chiltern und Chad Valley am erfolgreichsten. Deren Glückssträhne hielt aber leider nicht sehr lange vor. Schon bald wurden nämlich alle Betriebe von multinationalen, hauptsächlich amerikanischen Firmengruppen einfach geschluckt – es ging um die Beherrschung der großen Märkte. Kein Hersteller war davor sicher, jeder spürte die Bedrohung durch die Großkonzerne, aber auch durch Japan, das sich zunehmend zu einer der größten spielzeugproduzierenden Nationen der Welt entwickelte.

Weitere Probleme machten den Teddybärproduzenten die von den Amerikanern gegen Ende der fünfziger Jahre neu eingeführten strengen Sicherheitsstandards, die

OBEN: Ein ungewöhnlicher Teddy von Lefray Ltd., Mitte der fünfziger Jahre (Größe 53 cm). Mit sehr kurzen, steifen Beinen kann er nur stehen, Kopf und Arme aber sind beweglich. Die Ohrmuscheln bestehen aus braunem Samt, und die Nüstern sind rot.

schnell von anderen Ländern übernommen wurden.

Alle Teddybären aus den späten fünfziger Jahren bis in die Zeit nach 1970 waren weich und kuschelig, um den internationalen Standards zu entsprechen – und vor allem billig.

DIE EPOCHE DER LIMITIERTEN EDITIONEN

Nach fast zwei Jahrzehnten – den sechziger und siebziger Jahren –, in denen nur wenige für den Sammler interessante Bären auf den Markt kamen, leitete das Jahr 1980 eine neue Epoche ein. Wieder einmal dominierte dabei die Firma Margarete Steiff GmbH und errang ihre führende Position zurück.

Der allgemeine Wunsch nach neuen Modellen und die Bedrohung durch billige Importware veranlaßten das Unterneh-

OBEN: Dieser wunderschöne Chad-Valley-Teddy (um 1950) winkt dem alten Freund zum Abschied zu – einem Steiff-Teddy (um 1905).

– WICHTIGE TIPS FÜR SAMMLER: DIE ZEIT VON 1946–1960 –

Zum Leidwesen der Sammler engten neue Sicherheitsbestimmungen die Freiheit von Design und Produktion von Bären stark ein: Teddys nach 1960 sind meist weniger ausdrucksstark und ansprechend.

– CHARACTER NOVELTY CO. –

Die Teddybären dieses amerikanischen Herstellers aus den Nachkriegsjahren wurden mit bis dahin ungewöhnlichen schwarzen Knopfaugen auf etwas größerem weißem Filzkreis ausgestattet. Markenzeichen des Unternehmens war ein gedrucktes Etikett mit dem Namen „Character", eingenäht in die linke Ohrnaht des Bären.

– PEDIGREE SOFT TOYS LTD. (1937) –

Unter diesem Namen wurde eine Reihe von Plüschtieren der Firma Lines Brothers aus dem Jahre 1937 produziert. Die Qualität variierte von gut bis erbärmlich, typische Merkmale sind die hoch im Gesicht angesetzte Nase und der langgezogene Mund in umgekehrter T-Form. Bis zum Jahre 1955 wurden die Bären in London hergestellt, dann in Nordirland.

– W. T. CO. –

1951 produzierte die Firma einen weichen Bären zum Aufziehen, der tanzen und gehen konnte, außerdem einen batteriebetriebenen mit „magischen Augen". Auch diese Petze hatten dreieckige Fußsohlen.

– HERMANN-SPIELWAREN GMBH (1920) –

Die Hermann-Spielwaren-Gesellschaft war früher bekannt als Max Hermann & Sohn mit Firmensitz in Sonneberg. 1947 änderte Max Hermann den Namen in Hermann & Co. KG. Diese hatte Niederlassungen in Sonneberg und in Coburg. Im Jahre 1953 verlegte Max die gesamte Firma von Sonneberg nach Coburg, wo sie seitdem produziert. Es hat folglich nie zwei Unternehmen Hermann gegeben! Achten Sie auf den frühen Teddybären Modell 73 aus kontrastierendem Mohairplüsch. Markenzeichen der Firma war ein grünes, dreieckiges Metalletikett mit der Abbildung eines laufenden Bären mit Hund.

– FETCHER –

Nach 1945 begann Fetcher mit der Bärenproduktion in Graz, Österreich. Typisch für all ihre Teddys war das offene Maul. Die Bären erkennt man auch an dem mächtigen runden Kopf, eingesetzter Schnauze und riesigen Ohren, die oben auf dem Kopf sitzen und meist andersfarbige Ohrmuscheln haben. Das Fetcher-Warenzeichen war aufs rechte Ohr genäht. Oft wurden den Teddys rote Augen eingesetzt.

– S. OPPENHEIMER LTD. –

Dieses deutsche Unternehmen produzierte im Jahre 1950 Teddybären unter dem Handelsnamen „EMU"; man erkennt sie an den dreieckigen Fußsohlen.

EINFÜHRUNG

men, zur Hundertjahrfeier im Jahre 1980 eine neue Teddybären-Edition herauszubringen. Sie war so erfolgreich, daß die Firma begann, ihre Originalbären mit modernen Materialien so getreu wie möglich zu reproduzieren. Übrigens werden die alten Teddys in dem im selben Jahr eröffneten Steiff-Museum ausgestellt.

Regelmäßig stellte Steiff exklusive limitierte Auflagen für große Warenhäuser in der ganzen Welt her, außerdem für jährlich stattfindende Tagungen in Disneyworld und Disneyland.

Viele, aber doch längst nicht alle Steiff-Teddybär-Repliken sind im Wert gestiegen, einige beträchtlich – für manchen Sammler mag das ein Anreiz sein.

Es gibt so viele limitierte Auflagen, daß wir auf den Seiten 55–62 eine detaillierte Liste aller Steiff-Produktionen mit dem weißen Etikett bis 1993 vorstellen. Natürlich finden sich unter den Standardausführungen mit dem gelben Etikett wirklich

OBEN: Dieser wunderschöne Mohairplüsch-Bär von Little Folk aus dem Jahre 1982 (Größe 56 cm) wurde nur etwa zwei Jahre lang produziert. Er ist auch in 30-cm-Größe erhältlich.

wunderschöne Bären, wir können sie aber unmöglich alle aufführen.

Viele dieser Teddys haben einen hohen Sammlerwert, und einige sind ganz schön teuer; am lohnendsten für den Sammler sind der frühe „Mr. Cinnamon"-Bär, den es in drei Größen gab, sowie der „Margaret Strong"-Bär aus der Mitte der achtziger Jahre.

OBEN: Ein komplettes Set der entzückenden 1909-Repliken, die Steiff zwischen 1983 und 1988 herausgab. Die kleinen und großen Teddys wurden nur für die USA hergestellt.

WICHTIGE HINWEISE FÜR SAMMLER:

- DEANS RAG BOOK CO. LTD. (1915), HEUTE DEANS COMPANY (1903) -

Ein weiteres britisches Unternehmen, das die Bedeutung des Sammlermarktes erkannte und seit 1981 Teddybären für die USA produzierte, die Norman Rockwells Zeichnungen nachempfunden sind. Die Firma stellt auch heute noch Bären von Sammlerwert her; im Lauf der letzten Jahre hat sich ihr Programm erheblich verbessert.

- LITTLE FOLK (1980) -

Bereits im Gründungsjahr 1980 exportierte die Firma den größten Teil ihrer Teddybären in die USA. Für die ersten Entwürfe verwendete man Mohairplüsch, da Bären aus diesem Material aber zu teuer wurden, führte man um 1982 billigeren Acrylplüsch ein. Diese Serie wird noch heute produziert und ist sehr gefragt. Auch eine auf 2 000 Exemplare limitierte Auflage des Teddybären „Sebastian" (1987) und 500 Stück „Jonathan" (1990) waren hauptsächlich für den Sammlermarkt bestimmt. In unseren Herzen nehmen Little-Folk-Bären einen ganz besonderen Platz ein – es waren die ersten zeitgenössischen Bären, die wir jemals in unserem Geschäft angeboten haben.

- MERRYTHOUGHT LTD. (1930) -

Im Jahre 1982 entschied sich Merrythought für eine Teddybären-Serie in limitierter Stückzahl für den US-Markt, die sich im großen und ganzen am alten Firmendesign orientierte. Vor kurzem kamen etliche neue Entwürfe hinzu, darunter von John Axe (Autor von *The Magic of Merrythought*) inspirierte Teddybären und Petze nach Zeichnungen der englischen Illustratorin Prue Theobalds.

- HOUSE OF NISBET (1978) -

Von allen zeitgenössischen Herstellern ist House Of Nisbet unter Leitung von Jack Wilson wohl der experimentierfreudigste. Jack Wilson unterhielt eine sehr fruchtbare Geschäftsverbindung mit Peter Bull, die in der Einführung der „Bully Bear"-Serie und der Edition von 12 „Zodiac"- Bären nach einem Buch von Pauline McMillan und Peter Bull gipfelte. Die Welt der Teddybären erlitt einen herben Verlust, als Jack 1989 zurücktrat und das House of Nisbet von Dakin übernommen wurde. „Delicatessen" („Aloysius"), auch ein Bär von Peter Bull, ist mit keinem anderen Teddybären zu vergleichen. Übrigens verdanken wir diesem Teddy die Einführung von antik wirkendem, abgewetztem Mohairplüsch, den Bärenkünstler seitdem so gern verwenden.
Mit der „Nisbet Celebrity"-Kollektion gelang Jack ein kluger Schachzug. Er hatte schnell erkannt, daß zu der rapide anwachsenden Gemeinschaft der Teddybärensammler auch noch andere Prominente gehörten. Im Jahre 1987 ermunterte er bekannte Persönlichkeiten, sich ihren „namentlichen" Teddy anfertigen zu lassen, oder er bat Künstler, einen ganz besonderen Teddybären zu entwerfen.

TEDDYBÄREN-PORTRÄTS

CHOCOLATE

ERSTES BEKANNTES PRODUKTIONSJAHR: **ca. 1907/1908**
HERSTELLER: **Bruin Manufacturing Company**
HERKUNFTSLAND: **USA**   GRÖSSE: **32 cm**

Die Bruin Manufacturing Company wurde im Jahre 1907 gegründet, sie bestand allerdings nur bis 1909. Vielen amerikanischen Firmen erging es ähnlich, daher sind ihre Bären besonders gefragt.

Achten Sie auf das gewebte, dunkle Etikett mit der Inschrift „B.M.C." in goldenen Lettern; es ist quer über die Mitte der rechten Fußsohle genäht.

Charakteristische Merkmale der Bruin-Teddys sind weit auseinanderstehende Ohren und ziemlich dreieckige Köpfe.

Vielleicht haben Sie das Glück, einen solchen Bären zu besitzen oder auf einer Auktion oder in einem Geschäft zu entdecken – da die Herstellerfirma nur kurze Zeit existierte, sind diese Petze sehr wertvoll und steigen mit der Zeit wahrscheinlich noch im Sammlerwert.

CHARLEMAGNE

ERSTES BEKANNTES PRODUKTIONSJAHR: **ca. 1903/1904**
HERSTELLER: **Ideal Toy and Novelty Company**
HERKUNFTSLAND: **USA**   GRÖSSE: **51 cm**

„Ideal" war der erste amerikanische Teddybär-Hersteller. Ganz frühe Exemplare sind sehr selten und schwer zu identifizieren. Das Gesamtbild der Ideal-Bären ist jedoch charakteristisch und sehr reizvoll; es lohnt sich, sie zu sammeln.

Gut erhaltene Teddybären aus dieser Zeit sollten nicht allzu schwer zu finden und – verglichen mit deutschen Bären derselben Art – nicht allzu teuer sein.

COLUMBIA-TEDDYBÄR

ERSTES BEKANNTES PRODUKTIONSJAHR: **ca. 1907**
HERSTELLER: **Columbia Teddy Bear Manufacturers**
HERKUNFTSLAND: **USA** GRÖSSE: **43 cm**

Teddybären aus den Pioniertagen der Bärenproduktion bedeuten für den ernsthaften Sammler wohl die größte Herausforderung, sie sind aber auch sehr teuer. Glücklicherweise haben viele qualitativ hochwertige Teddys überlebt, darunter auch dieser „Lachende Roosevelt" von Columbia Teddy Bear Manufacturers.

Mit etwas Glück kann man diese seltenen Bären heute noch finden. Interessantes Charakteristikum des „Lachenden Roosevelt"-Teddys ist der Mund, den man durch Drücken auf den Bauch bewegen kann.

TEDDY MIT LEUCHTENDEN AUGEN

ERSTES BEKANNTES PRODUKTIONSJAHR: **ca. 1917**
HERSTELLER: **Stuffed Toy Company**
HERKUNFTSLAND: **USA** GRÖSSE: **43 cm**

Dieser Teddy mit leuchtenden Augen wurde von A.S. Ferguson & Company unter dem Namen „Uncle Remus Stuffed Toys" vertrieben. Uncle Remus produzierte Bären mit einer speziellen, patentierten Befestigungsmethode für die Augen, die zusammen mit der einheitlichen Kopfform ein „gleichbleibendes Aussehen" garantieren sollte.

Möglicherweise diente Charles Sackmans Erfinderpatent Nr. 844 619 vom November 1908 als Grundlage.

TEDDYBÄREN-PORTRÄTS

STILL HOPE

ERSTES BEKANNTES PRODUKTIONSJAHR: ca. 1907/1908
HERSTELLER: **Aetna Toy Animal Company**
HERKUNFTSLAND: **USA** GRÖSSE: **50 cm**

Dieser liebenswerte Bursche liefert den Beweis dafür, daß die Aetna Toy Animal Company, Gründungsjahr 1906, der wohl beste amerikanische Bärenproduzent der ersten Jahre war.

Sollten Sie an diesen Bären interessiert sein, achten Sie auf das ovale Warenzeichen „AETNA" in Druckbuchstaben. Es ist gewöhnlich auf die Mitte der rechten Fußsohle gestempelt, allerdings oft kaum noch zu erkennen.

Es sind wunderschöne Teddybären mit hübschen, ansprechenden Gesichtern, dabei selten und äußerst schwer aufzuspüren, da das Unternehmen nur etwa zwei Jahre existierte.

IDEAL-TEDDYBÄR

ERSTES BEKANNTES PRODUKTIONSJAHR: **1908**
HERSTELLER: **Ideal Toy and Novelty Company**
HERKUNFTSLAND: **USA** GRÖSSE: **40 cm**

Dieser Bär markierte das Ende einer Ära der Firma Ideal Toy and Novelty Company.

Leider konnte das Unternehmen Qualität und Stil seiner Teddybären nur an die fünf Jahre aufrechterhalten. Lange Zeit basierte die Produktion auf ähnlichen Entwürfen, dies schmälert in gewissem Maße den Sammlerwert.

VOM SPIELZEUGBÄR ZUM TEDDYBÄR

CHRISTIAN GABRIEL

ERSTES BEKANNTES PRODUKTIONSJAHR: **ca. 1903/1904**
HERSTELLER: **Margarete Steiff**
HERKUNFTSLAND: **Deutschland**   GRÖSSE: **38 cm**

Zweifellos ist das Unternehmen Margarete Steiff der führende Teddy-Hersteller auf dem Weltmarkt. Obwohl die Bären bei Sammlern sehr begehrt sind, lassen sie sich außerordentlich schwer aufspüren und haben horrende Preise.

Teddybären mit Metallstab gehören zu den begehrtesten frühen Steiff-Bären, besonders mit Originalnase aus Siegellack. Sollten Sie tatsächlich einen solchen Steiff-Teddybären besitzen, sind Sie ein echter Glückspilz.

Achten Sie auf Bären in seltenen Farben (Weiß und Zimt) und auf Bären mit dem Originalknopf im linken Ohr, aber vergessen Sie nicht, daß Sie für diese Teddys in jedem Fall eine Menge Geld bezahlen müssen.

PAB 43 UND PAB 35

ERSTES BEKANNTES PRODUKTIONSJAHR: **1905**
HERSTELLER: **Margarete Steiff**
HERKUNFTSLAND: **Deutschland**   GRÖSSE: PAB 43: **70 cm**

Dieser PAB 43 von 1905 ist zusammen mit einer modernen Replik eines PAB 35 abgebildet. Das Original bedeutete für Steiff den Durchbruch zum Erfolg. Sollten Sie das Glück haben, auf einen dieser ersten weichgestopften PAB-Bären zu stoßen, müssen Sie bestimmt einen hohen Preis dafür zahlen.

Zu anderen seltenen Bären der Steiff-Kollektion gehören der schwarze Teddy (davon wurde um 1910 bis 1912 nur eine begrenzte Anzahl angefertigt), der Bär mit Wärmflasche im Bauch (nur 90 Exemplare wurden zwischen 1907 und 1914 hergestellt) oder Bären in ungewöhnlichen Farben.

Achten Sie auf Bären mit Mittelnaht (1904 bis 1906); sie haben wunderschöne Gesichter und sind hochgeschätzt, aber auch teuer und sehr rar.

STEIFF-TEDDYBÄR

ERSTES BEKANNTES PRODUKTIONSJAHR: **ca. 1907/1908**
HERSTELLER: **Margarete Steiff**
HERKUNFTSLAND: **Deutschland** GRÖSSE: **40 cm**

Dieses perfekte Exemplar eines Steiff-Teddys wurde im Verlauf der ersten erfolgreichen Produktionsjahre der Firma Steiff hergestellt. Ein Bär wie dieser mit zimtfarbenem Fell ist außerordentlich selten und aus diesem Grund sehr teuer.

Vorsicht vor Imitationen! Ein anderes Unternehmen namens „Wilhelm Strunz" arbeitete ungefähr zur selben Zeit wie die Firma Steiff und kopierte deren Produkte. Wahrscheinlich sind diese Bären von minderer Qualität.

Sie wären ein Glückspilz, sollten Sie einen der oben vorgestellten Teddys besitzen, oder einen grauen von Richard Steiff.

SERGEANT CULVER

ERSTES BEKANNTES PRODUKTIONSJAHR: **ca. 1907/1908**
HERSTELLER: **unbekannt**
HERKUNFTSLAND: **unbekannt** GRÖSSE: **51,5 cm**

Dieser prächtig kostümierte Bär bleibt ein Geheimnis, was Hersteller und Herkunftsland betrifft. Sein Aufzug deutet darauf hin, daß er zum Gedenken an den Amerikanischen Bürgerkrieg entworfen wurde. Der Bär mit allen Accessoires ist in ausgezeichnetem Zustand. Achten Sie auf die winzige Trompete, die über seinem linken Arm hängt. In der Tat stecken in diesem Burschen erstaunlich viel Sorgfalt und handwerkliches Können.

Sollten Sie einen Bären wie diesen entdecken, und wollen Sie seine Ursprünge erforschen, gibt es viele qualifizierte Händler, die Sie beraten und Ihnen bei Schätzung und Identifikation helfen können.

VOM SPIELZEUGBÄR ZUM TEDDYBÄR

Edelweiss

ERSTES BEKANNTES PRODUKTIONSJAHR: **ca. 1909**
HERSTELLER: **Margarete Steiff**
HERKUNFTSLAND: **Deutschland** GRÖSSE: **40 cm**

Dieser ungewöhnlich gefärbte Teddy „Edelweiß" wurde von Steiff zu Beginn des 20. Jahrhunderts produziert. Achten Sie auf den Metallknopf im linken Ohr mit der Aufschrift „STEIFF", wobei das „FF" unterstrichen ist. Der flache, vernickelte Steiff-Knopf mit dem Elefanten gilt als erstes nicht registriertes Warenzeichen „Knopf im Ohr". Ihm folgte ein blanker Knopf und dann im Jahre 1905 ein Knopf mit der Prägung „STEIFF", wie ihn der Bär auf unserer Abbildung trägt.
  Dieser Teddy hat einen hohen Sammlerwert, da er in Bestzustand ist und auch noch den Metallknopf im linken Ohr hat.
  Die interessante silberne Tönung des Fells erhöht seinen Seltenheitswert noch zusätzlich.

Zimtfarbener Steiff-Bär

ERSTES BEKANNTES PRODUKTIONSJAHR: **ca. 1905**
HERSTELLER: **Margarete Steiff**
HERKUNFTSLAND: **Deutschland** GRÖSSE: **40 cm**

Ein weiterer ausdrucksstarker Teddybär von Steiff, wiederum mit dem einzigartig zimtfarbenen Fell. Bären mit Mittelnaht wie dieser haben wunderschöne Gesichter und sind bei Sammlern hoch begehrt.
  Im Laufe der Jahre produzierte Steiff einige der beliebtesten und reizvollsten Teddybären.

STEIFF MIT MITTELNAHT

ERSTES BEKANNTES PRODUKTIONSJAHR: **ca. 1905/1906**
HERSTELLER: **Margarete Steiff**
HERKUNFTSLAND: **Deutschland** GRÖSSE: **40 cm**

Noch ein ausgezeichnetes Beispiel für die beliebten Steiff-Bären mit Mittelnaht. Charakterkopf und wohlproportionierter runder Körper sind typisch für diese Art Bär. Wie alle Bären der Firma Steiff ist auch dieser sehr selten und daher sehr wertvoll.

Wenn Ihnen die Teddybären von Margarete Steiff am Herzen liegen (sie sind sehr gut verarbeitet und ausgesprochen reizvoll), dann empfiehlt sich ein Besuch des Margarete-Steiff-Museums. Auf Seite 80 finden Sie die Anschriften von Teddybär-Museen. Möglicherweise möchten Sie auch Kontakt mit dem Hersteller knüpfen – für Fans dieser Bären gibt es einen Steiff-Club.

Wegen ihrer Charakteristika lassen sich Steiff-Teddys leicht bestimmen. Kaufen Sie aber nur bei einem seriösen Händler.

WEISSER STEIFF-TEDDY

ERSTES BEKANNTES PRODUKTIONSJAHR: **ca. 1907/1908**
HERSTELLER: **Margarete Steiff**
HERKUNFTSLAND: **Deutschland** GRÖSSE: **56 cm**

Weiße Steiff-Teddys wie dieser sind begehrte Sammelobjekte. Sie sind ausgesprochen selten und werden folglich immer ihren hohen Marktwert halten.

Ernsthafte Sammler von Steiff-Teddybären sollten ihre Bären katalogisieren und gut versichern. Das ist nicht so kostspielig, wie Sie vielleicht meinen, und selbst wenn die meisten Petze Ihrer Kollektion unersetzlich sind, zahlt Ihnen die Versicherung zumindest eine angemessene Entschädigung.

Stellen Sie eine genaue Liste mit möglichst vielen Informationen über Ihre Bären auf – Kaufdatum, Preis, Größe, Machart usw. Sie können den einen oder anderen Teddybären von einem unabhängigen Experten schätzen lassen, das hängt ganz vom Wert Ihrer Kollektion und von der Vollständigkeit Ihrer Unterlagen ab.

Außerdem sollten Sie wertvolle Bären fotografieren oder Videoaufnahmen von ihnen machen.

VOM SPIELZEUGBÄR ZUM TEDDYBÄR

MASTER TEDDY

ERSTES BEKANNTES PRODUKTIONSJAHR: ca. 1915
HERSTELLER: **Leon Rees & Company**
HERKUNFTSLAND: **Großbritannien** GRÖSSE: **25, 5 cm**

1915 produzierte L. Rees & Co. in der Spielzeugfabrik Chiltern den Original Chiltern Bär „Master Teddy". Dieser drollige, kleine Petz mit großem Kopf und Kulleraugen trug ursprünglich ein rosa-weiß gestreiftes Hemd mit großem Kragen und Fliege sowie eine blaue Hose mit hohem Bund und einem Flicken. Der Teddy hat eine kleine rote Zunge. Anscheinend war er in fünf verschiedenen Größen erhältlich. Man findet ihn nur noch ganz selten, in gutem Zustand ist er natürlich sehr teuer.

In den ersten Anzeigen (1915) wird er mit dem Flicken auf dem linken Bein beschrieben und ohne Etikett auf der Brust: Es soll aber auch Bären mit einem Flicken auf dem rechten Bein oder einem Etikett auf der Brust mit der Inschrift „US patent applied for" („als US-Patent angemeldet") geben. Vermutlich wurden diese ein oder zwei Jahre später hergestellt.

BING-TEDDYBÄR

ERSTES BEKANNTES PRODUKTIONSJAHR: ca. 1910
HERSTELLER: **Gebrüder Bing**
HERKUNFTSLAND: **Deutschland** GRÖSSE: **40 cm**

Das Unternehmen Gebrüder Bing stellte heißbegehrte Bären her, die sogar noch sehr viel seltener sind als die Steiff-Produkte jener Zeit. Seien Sie auf hohe Preise gefaßt, besonders für gut erhaltene Teddys!

Der begehrte Bing-Bär auf der Abbildung hat noch den Original-Silberknopf unter dem linken Arm. Auf dem Knopf steht „GBN". Jeder Bär mit diesem oder einem orangefarbenen Knopf unter dem linken Arm weist auf die Zeit zwischen 1910 und 1919 hin.

Ein früher Teddybär von Bing ist das Prachtstück jeder Sammlung, besonders wenn sein Mohairplüsch nicht wie üblich hell- oder dunkelbraun, sondern in einem ungewöhnlichen Ton gefärbt ist.

FARNELL-TEDDYBÄR

ERSTES BEKANNTES PRODUKTIONSJAHR: **ca. 1925**
HERSTELLER: **J. K. Farnell**
HERKUNFTSLAND: **Großbritannien**   GRÖSSE: **50 cm**

Dieser Farnell-Bär ist ein typisches Beispiel seiner Art mit charakteristisch vernetztem Krallenmuster und Kartoneinlagen in den Kanvas-Füßen. Das Farnell-Muster unterscheidet sich erheblich von dem Netzmuster von Merrythought und dem anderer Firmen jener Zeit. Man erkennt es leicht an dem ausgeprägten Dreieck in der Mitte der Stickerei.

Farnell stattete seine Bären immer mit Etiketten aus, auf denen Name, Herkunftsland und der Markenname „ALPHA TOYS" standen.

Achten Sie auf frühe „Alpha"-Bären aus den zwanziger Jahren: die großen Modelle aus hochwertigem Mohairplüsch. Entweder mit Holzwolle oder Kapok oder einer Mischung aus beidem gestopft, sind sie die besten Teddybären aus dieser Zeit. Man erkennt sie auch an den dunkelblauen, gestickten Buchstaben auf cremefarbenem Untergrund.

FARNELL-TEDDYBÄR

ERSTES BEKANNTES PRODUKTIONSJAHR: **ca. 1925**
HERSTELLER: **J. K. Farnell**
HERKUNFTSLAND: **Großbritannien**   GRÖSSE: **41 cm**

Der hier abgebildete Teddy gehört zu einem neuen Bärentyp von J. K. Farnell, der nach dem Fabrikbrand im Jahre 1934 erschien.

An der Fußsohle des Bären erkennt man das charakteristische Markenzeichen. Der Körperbau ähnelt dem des oben abgebildeten Teddybären, obwohl dieser Bursche eine recht mürrische Miene aufgesetzt hat.

Da es damals eine Vielzahl von Teddybär-Herstellern überall auf der Welt gab, stehen Ihre Chancen gut, einen qualitativ hochwertigen Bären aus jener Epoche aufzustöbern. Bären, die wie dieser von einem der berühmteren Hersteller stammen, sind in der Regel entsprechend teuer.

KNICKERBOX-TEDDYBÄR

ERSTES BEKANNTES PRODUKTIONSJAHR: **Mitte dreißiger Jahre**
HERSTELLER: **Knickerbox Toy Company Incorporated**
HERKUNFTSLAND: **USA** GRÖSSE: **43 cm**

Als die Firma Knickerbox Toy Co. Inc. in den zwanziger Jahren mit der Produktion von Teddybären begann, existierte sie bereits seit ungefähr 70 Jahren. Typisch für die Bären sind der sehr breite Kopf und die kurze Schnauze. Einige der ersten Bären hatten Nasen aus Metall, andere eher konventionelle.

  Trotz Gesichtsreparatur ist dieser Petz ein gutes Beispiel für Knickerbox-Bären. Die Fußsohlen dieser Teddys bestanden aus Samt; allem Anschein nach stattete das Unternehmen seine Bären bevorzugt mit farbigen (meist grünen) Glasaugen aus. In die Brustnaht war ein hellgelbes Stoffetikett mit hufeisenförmigem Logo eingestickt, darauf stand „Knickerbox Toy Co. – New York". Knickerbox-Bären sind, verglichen mit anderen Bären, relativ preiswert.

CHAD-VALLEY-BÄR

ERSTES BEKANNTES PRODUKTIONSJAHR: **Anfang zwanziger Jahre**
HERSTELLER: **Chad Valley Company Limited**
HERKUNFTSLAND: **Großbritannien** GRÖSSE: **71 cm**

Unter dem Namen „Chad Valley" existierte eine ganze Reihe von Spielzeugfabriken: Teddybären wurden jedoch nur in der Fabrik in Wellington (Shropshire) hergestellt.

  Suchen Sie nach den niedlichen, ausdrucksvollen Bären mit langer, dreieckiger Nase und typischem blauem Knopf unter dem Kinn – wie abgebildet. Aber Vorsicht bei der Datierung! Ein sehr ähnliches Bärenmodell tauchte im Jahre 1935 auf.

  Das Alter der Bären läßt sich anhand der Knopf-Etiketten von Chad Valley (soweit vorhanden) feststellen. In den frühen zwanziger Jahren bestand dieser Knopf aus einem breiten Stahlrand mit flacher, vertiefter Zelluloidmitte. Die Knöpfe von Chad Valley sind blau und befinden sich entweder am rechten Ohr, am Rücken oder unter dem Kinn des Bären.

TEDDYBÄREN-PORTRÄTS

CHAD-VALLEY-BÄR

ERSTES BEKANNTES PRODUKTIONSJAHR: ca. 1923/1924
HERSTELLER: Chad Valley Company Limited
HERKUNFTSLAND: Großbritannien   GRÖSSE: 43 cm

Der hier gezeigte Chad-Valley-Teddy trägt den alten cremefarbenen „Aerolite"-Knopf als Markenzeichen im Ohr. Der „Aerolite"-Knopf sitzt meistens am rechten Ohr des Bären und bietet die Möglichkeit, das Alter genauer zu bestimmen.

Um diese Zeit nämlich änderte Chad Valley die alten Knöpfe mit Stahlrand in cremefarbene oder blaue Knöpfe. Rand und Zelluloid sind jetzt bündig, die Mitte ist hervorgehoben. Wie alle Teddys von Chad Valley hat auch der hier gezeigte viel Charme.

Chad Valley kaufte ständig andere Spielzeugfirmen, entweder zur Verbesserung der eigenen Modelle oder um sich lästiger Konkurrenz zu entledigen. Ungefähr zur selben Zeit, als dieser Bär produziert wurde, übernahm man die Firma Isaacs & Co., deren bekanntes Markenzeichen für Plüschtiere (gewöhnlich mit Rädern) der Schriftzug „ISA" war.

MERRYTHOUGHT-BÄR

ERSTES BEKANNTES PRODUKTIONSJAHR: dreißiger Jahre
HERSTELLER: Merrythought Limited
HERKUNFTSLAND: Großbritannien   GRÖSSE: unbekannt

Einige der ersten Merrythought-Bären weisen ähnlich charakteristische Züge wie Teddys anderer Hersteller auf, insbesondere die von Chad Valley. Die Fabriken der beiden Unternehmen standen nur wenige Meilen voneinander entfernt, und einer der Merrythought-Direktoren arbeitete zuvor für Chad Valley.

Versuchen Sie, Ihre Kollektion mit einem Bären aus der frühen Merrythought „M"-Serie, auch bekannt als „Magnet-Bär", zu bereichern. Der hier abgebildete Teddy — möglicherweise aus der „M"-Serie — hat zwar eine neue Nase, aber noch den originalen Gabelbein-Knopf und das Fußetikett. Gewöhnlich saß der Knopf auf dem linken Ohr, hin und wieder findet man ihn aber auch auf dem Rücken.

Zu dieser Zeit führte auch Merrythougth ein Netzmuster für die Krallen an den Handpfoten ein. Es ist entschieden breiter und flacher als das frühe Muster von Farnell und zeigt nur vier Krallen.

SCHLITTSCHUHLÄUFERIN

ERSTES BEKANNTES PRODUKTIONSJAHR: **zwanziger Jahre**
HERSTELLER: **H. G. Stone & Company Limited (Chiltern Toys)**
HERKUNFTSLAND: **Großbritannien** GRÖSSE: **33 cm**

Diese niedliche Teddydame auf Schlittschuhen wurde von Chiltern Ende der dreißiger Jahre produziert. Muff und Hut sind original. Wie alle Bären der Firma Chiltern hat auch dieser eine große Nase mit nach oben spitz zulaufenden Außenstichen.

Die Etiketten aus jener Zeit ähneln den früheren Pappanhängern, sie sind allerdings etwas dekorativer gestaltet mit zwei Häusern links im Vordergrund der typischen Hügel-Silhouette. Sie tragen die Aufschrift „trademark" (oben), „Chiltern Toys" (in der Mitte) und „Made in England" (unten). Diese Etiketten wurden bis weit in die fünfziger Jahre hinein benutzt.

Sind Sie an den seltenen Chiltern-Bären interessiert, dann achten Sie auf die „Cubby-" (Baby-) Serie aus dem Jahre 1930.

HUGMEE

ERSTES BEKANNTES PRODUKTIONSJAHR: **zwanziger Jahre**
HERSTELLER: **H. G. Stone & Company Limited (Chiltern Toys)**
HERKUNFTSLAND: **Großbritannien** GRÖSSE: **56 cm**

Das Chiltern-Modell „Hugmee" aus den frühen zwanziger und dreißiger Jahren gehört zu den begehrtesten Sammlerobjekten. Mit seiner schönen Farbe, dem hochwertigen Mohairplüsch und einer Füllung aus Holzwolle und Kapok macht der Bär seinem Namen „Hugmee" („Knuddel mich!") alle Ehre.

Gesicht und Körper sind typisch für den „Hugmee"; der abgebildete Bär ist ein seltenes Exemplar aus den späten zwanziger Jahren. Die Teddys hatten flache, kartonverstärkte Pfoten mit Samtsohlen und einen eingebauten Quiekser, der aber meistens nicht mehr funktioniert.

Die Bären trugen Pappanhänger, sie dürften aber kaum noch an Ort und Stelle zu finden sein. Das runde Markenzeichen ist bei der Datierung hilfreich. Bei den ersten Teddybären (1923–1926) stand oben „Chiltern", in der Mitte sah man die Silhouette einer Hügelkette mit dem Aufdruck „Toys" und darunter das Markenzeichen.

DEAN-TEDDYBÄR

ERSTES BEKANNTES PRODUKTIONSJAHR: **Ende dreißiger Jahre**
HERSTELLER: **Deans Rag Book Company Limited**
HERKUNFTSLAND: **Großbritannien** GRÖSSE: **43 cm**

Teddybären von Deans aus dieser Zeit sind überraschenderweise schwer zu finden, insbesondere gut erhaltene Exemplare.

Deans-Bären haben meist einen dreieckigen, flachen Kopf mit weit auseinanderstehenden, beinahe vertikal angebrachten Ohren; ein Charakteristikum, das sie von anderen britischen Bären unterscheidet.

Leider sind die Teddybären von Deans aus recht minderwertigem Mohairplüsch angefertigt; das könnte der Grund dafür sein, daß sie meist sehr stark verschlissen sind.

FARNELL-TEDDYBÄR

ERSTES BEKANNTES PRODUKTIONSJAHR: **zwanziger Jahre**
HERSTELLER: **J. K. Farnell**
HERKUNFTSLAND: **Großbritannien** GRÖSSE: **58 cm**

Die seltsamen Proportionen dieses Farnell-Bären aus den zwanziger Jahren weisen darauf hin, daß Kopf und Körper von ganz unterschiedlichen Bären stammen! Bestimmt ist dieser Petz ein über Jahre heißgeliebter Gefährte gewesen, immerhin weist der linke Arm schon beträchtliche Reparaturen auf.

Man erkennt das typische Netzmuster auf den Pfoten. Es unterscheidet sich erheblich von dem Merrythought-Muster und dem anderer Firmen und läßt sich leicht an der ausgeprägten Dreiecksform erkennen. Weitere Indikatoren für Farnell-Teddybären aus dieser Zeit sind die dunkelblau gestickten Buchstaben auf cremefarbenem Grund.

ZWISCHEN DEN WELTKRIEGEN

TEDDYBÄREN VON CHAD VALLEY UND PEACOCK

ERSTES BEKANNTES PRODUKTIONSJAHR: **Mitte der dreißiger Jahre**
HERSTELLER: **Chad Valley Company Limited**
HERKUNFTSLAND: **Großbritannien**   GRÖSSE: **63 cm und 93 cm**

Im Jahre 1931 übernahm Chad Valley die Firma Peacock & Co., die bis dahin bedruckte Holzbausteine hergestellt hatte. Der abgebildete sitzende Bär stammt von Peacock. Die Peacock–Serie bestand aus echten Chad-Valley-Bären mit anderem Etikett und anderer Beschriftung.

Bekanntlich gibt es auch noch ein anderes, möglicherweise früheres Etikett. Man vermutet, daß alle Peacock-Bären in der Chad-Valley-Fabrik produziert wurden. Ein solcher Teddy ist ein echter Glücksstreffer.

Im Jahr 1938 wurde Chad Valley zum Königlichen Hoflieferanten ernannt und brachte dies durch entsprechende Aufschrift auf seinen Etiketten zum Ausdruck. Jeder gut erhaltene Chad-Valley-Teddy aus dieser Zeit ist ein lohnenswertes Sammelobjekt und dürfte nicht übermäßig teuer sein.

CHAD-VALLEY-TEDDY

ERSTES BEKANNTES PRODUKTIONSJAHR: **ca. 1930**
HERSTELLER: **Chad Valley Company Limited**
HERKUNFTSLAND: **Großbritannien**   GRÖSSE: **40,5 cm**

Hier ein typischer Chad-Valley-Teddy aus der Zeit um 1930. Beachten Sie die charakteristische Knollennase und das rote Etikett. Etwas später in den Dreißigern wurden gestickte rote Buchstaben auf weißem Etikett eingeführt, die dazugehörigen Bären hatten eine große, ziemlich knollige, ovale Nase. Solch eine Bärenpersönlichkeit wäre eine echte Bereicherung für Ihre Sammlung.

BINGIE

ERSTES BEKANNTES PRODUKTIONSJAHR: **Mitte dreißiger Jahre**
HERSTELLER: **Merrythought Limited**
HERKUNFTSLAND: **Großbritannien** GRÖSSE: **25 cm und 30 cm**

Die beiden „Bingies" von Merrythought stammen aus einer Serie aus der Zeit zwischen 1931 und 1938. Im Jahre 1931 wurde das Bärenprogramm um das Modell „Bingie" erweitert. Die sitzenden Teddys erwiesen sich als so erfolgreich, daß sie noch etliche Jahre (bis 1938) weiterproduziert wurden.

Auf der Suche nach einem „Bingie" als Gefährten für Ihre Teddys entdecken Sie möglicherweise auch bekleidete „Bingies". Diese hatten aus Gründen der Kostenersparnis oft Körper und Gliedmaßen aus Stoff. Das Markenzeichen befindet sich auf der Innenseite des linken Unterschenkels. Gleich von Beginn an wählte Merrythought ein Etikett mit gestickten schwarzen Buchstaben auf gelbem Hintergrund, das unter eine Fußsohle genäht wurde. Bei den abgebildeten Bären erkennt man das typische Netzmuster für die Handpfoten, das um einiges flacher ist als bei frühen Farnell-Bären.

TEDDYBÄR VON LINES BROTHERS (PEDIGREE)

ERSTES BEKANNTES PRODUKTIONSJAHR: **ca. 1938**
HERSTELLER: **Lines Brothers/International Model Aircraft Company Limited**
HERKUNFTSLAND: **Großbritannien** GRÖSSE: **53 cm**

Die Firma Lines Brothers/International Model Aircraft Company Limited (1937) produzierte die erste „Pedigree"-Serie von Plüschtieren im Jahre 1937. Im Jahre 1938 nahm „Pedigree" auch einen Teddybären in seine Werbung auf, offenbar war dies der erste Bär des Unternehmens. Der abgebildete Teddy stammt aus einer Serie, die ohne Unterbrechung bis in die fünfziger Jahre produziert wurde.

In dieser Zeit konnten sich britische Hersteller trotz konkurrierender ausländischer Produzenten erfolgreich etablieren. Es wurden viele hochwertige Teddybären hergestellt, und die Chancen stehen nicht schlecht, daß Sie Ihre Sammlung mit einem „Pedigree"- Bären bereichern können.

DUNKLER TEDDY VON MERRYTHOUGHT

ERSTES BEKANNTES PRODUKTIONSJAHR: **Mitte der dreißiger Jahre**
HERSTELLER: **Merrythought Limited**
HERKUNFTSLAND: **Großbritannien**   GRÖSSE: **23 cm**

Dieses einzigartige Exemplar wurde Mitte der dreißiger Jahre von Merrythought produziert. Beachten Sie die ungewöhnlichen Farben des Körpers und der Pfoten. Da der Teddy noch den original Merrythought-Knopf und das Fußetikett hat, ist er besonders wertvoll.

Zu dieser Zeit wählte man oft orangefarbenen Filz für die Pfoten, es wurden aber auch andere Farben verwendet. Der Knopf im Bärenohr ähnelt dem Chad-Valley-Knopf, er ist allerdings gelb und trägt ein Gabelbein-Etikett mit der Aufschrift „Hygienic-Merrythought-Toys". Gewöhnlich saß der Knopf wie hier am linken Ohr des Teddybären, hin und wieder findet man ihn aber auch auf dem Rücken.

HUGMEE

ERSTES BEKANNTES PRODUKTIONSJAHR: **ca. 1930**
HERSTELLER: **H. G. Stone & Company Limited (Chiltern Toys)**
HERKUNFTSLAND: **Großbritannien**   GRÖSSE: **60 cm**

Das Chiltern-Modell „Hugmee" gehört zu den hochwertigsten britischen „Charakterbären" und wurde ab 1923 mehr als 50 Jahre lang produziert. Auf der Abbildung erkennt man gut den hochwertigen Mohairplüsch.

Wenn Sie einen dieser Teddys erst einmal Ihr Eigen nennen, dürfen Sie sich nie wieder von ihm trennen – er ist ein richtiger kleiner Schatz und bei Sammlern hochbegehrt. Diesen Petz muß man einfach liebhaben, er macht seinem Namen „Hugmee" („Knuddel mich!") alle Ehre. Ein solcher entweder gekaufter oder geerbter Bär bleibt höchstwahrscheinlich im Familienbesitz und wird von einer Generation an die nächste weitergegeben.

Die Samtpfoten und das ausdrucksvolle Gesicht des abgebildeten Bären sind in außergewöhnlich gutem Zustand.

SCHUCO-TEDDY

ERSTES BEKANNTES PRODUKTIONSJAHR: ca. 1935
HERSTELLER: **Schuco (Schreyer & Co.)**
HERKUNFTSLAND: **Deutschland** GRÖSSE: **51 cm**

Ein Prachtexemplar an Qualität und Persönlichkeit ist dieser große Schuco-Teddy aus der Zeit um 1935. Beachten Sie die Pfoten und die Füße mit drei Krallen — Hauptmerkmale aller Schuco-Bären.

Vielleicht sind Sie an den winzigen Teddys interessiert, die Schuco in den zwanziger Jahren produzierte. Damals waren bei den Damen geldbörsenartige Handtaschen in Mode. Folglich mußten alle Kosmetika entsprechend klein sein. Schuco produzierte als Neuheit winzige Teddys, die alles Wesentliche in ihrem Inneren aufnehmen konnten, sogar ein Whiskyfläschchen! Solch ein Winzling aus der „Piccolo"-Serie ist für jeden Sammler eine Entdeckung. In gutem Zustand dürfte er aber horrend teuer sein.

Auch die purzelbaumschlagenden Miniaturbären mit Federzugmechanismus sind — auch wenn sie nur wenig persönliche Ausstrahlung haben — eine Freude vieler Sammler.

PETSY

ERSTES BEKANNTES PRODUKTIONSJAHR: ca. 1927/1928
HERSTELLER: **Margarete Steiff**
HERKUNFTSLAND: **Deutschland** GRÖSSE: **43 cm**

Dieser Steiff-Teddy stammt aus der Serie „Remembering Lou". Blauäugige „Petsy"-Spielzeugbären sind sehr schwer zu finden. Beachten Sie die Mittelnaht und den an den Spitzen gefärbten Mohairplüsch.

Die „Petsy"-Serie wurde von Steiff im Jahre 1927 eingeführt und in zehn Größen angeboten. Die Bären hatten den charakteristischen Kopf mit Mittelnaht und waren in goldgetöntem Mohair und Mohairplüsch mit gefärbten Spitzen erhältlich. Die wunderschönen blauäugigen, zweifarbigen Mohair-Bären aus dieser Serie gehören zu den meistgefragten Teddybären.

Ungefähr zur selben Zeit kam das „Teddy-Baby" in elf Größen und in unterschiedlichster Ausführung auf den Markt; es gab Bären mit offenem oder geschlossenem Maul. Auch sie erfreuen sich bei Sammlern großer Beliebtheit, ebenso eine beträchtliche Zahl kleiner Bären der Firma Steiff aus derselben Zeit.

BING-TEDDYBÄR

ERSTES BEKANNTES PRODUKTIONSJAHR: **ca. 1923/1924**
HERSTELLER: **Gebrüder Bing**
HERKUNFTSLAND: **Deutschland** GRÖSSE: **58 cm**

Im Jahre 1920 änderte die Firma ihren Namen in „Bing-Werke", und der bis dahin verwandte „GBN"-Knopf wurde durch einen orangefarbenen Knopf mit den schwarzen Buchstaben „BW" ersetzt. Nunmehr saß der Knopf nicht mehr am Torso, sondern auf der Außenseite des Bärenarms.

Viele der zuvor hergestellten Teddys wurden in den zwanziger Jahren mit einigen Veränderungen am Gesicht wieder in die Produktion aufgenommen. Dafür typisch sind Bären wie dieser mit seiner langen Schnauze.

Leider stieg Bing 1932 aus dem Geschäft aus; um so begehrter sind natürlich heute seine Teddybären. Manche findet man sogar noch mit Originalknopf – ein weiteres Plus für den Sammler.

WEISSER STEIFF-TEDDYBÄR

ERSTES BEKANNTES PRODUKTIONSJAHR: **ca. 1923/1924**
HERSTELLER: **Margarete Steiff**
HERKUNFTSLAND: **Deutschland** GRÖSSE: **61 cm**

In der Phase des roten Leinenetiketts im Teddyohr (1925–1934) produzierte Steiff einige wirklich nette und originelle Bären. Sie lassen sich leicht von den früheren Modellen unterscheiden, da ihr immer noch spitz zulaufendes Gesicht jetzt viel schmaler und der Buckel weniger gerundet ist. Außerdem setzte man farbige Glasaugen ein. Dieser hübsche weiße Steiff-Teddy ist ein gutes Beispiel dafür, wie das Unternehmen sein Programm und den Stil der Bären ab 1925 grundlegend änderte.

Halten Sie nach diesen Bären Ausschau! Man findet sie oft in sehr gutem Zustand, sie kosten aber auch einiges. Eine Rarität ist der weich gestopfte „Teddy Clown" aus dem Jahr 1926 – weißer Mohairplüsch mit braunen Spitzen –, der in elf Größen hergestellt wurde, ebenso wie der einfarbig gelbe „Clown"-Bär. Letzterer erschien mit zwei verschiedenen Halskrausen auf dem Markt; sehr selten ist die weiße mit blauer Kante.

JA/NEIN-TEDDY

ERSTES BEKANNTES PRODUKTIONSJAHR: **dreißiger Jahre**
HERSTELLER: **Schuco (Schreyer & Co.)**
HERKUNFTSLAND: **Deutschland**   GRÖSSE: **48 cm**

Bis auf die neue Nase ist dies eindeutig ein Schuco-Teddy mit Ja/Nein-Mechanismus. Zweifellos gehören Teddys aus dieser Serie zu den gefragtesten und meistgeschätzten Spielzeugbären. Da Schuco stets nur hochwertige Materialien verarbeitete, findet man diesen Teddy oft in gut erhaltenem Zustand. Der seltenste Bär aus der Serie ist der „Ja/Nein-Clown".

Der „Bellhop" von 1921 ist eine echte Persönlichkeit: komplett mit roter Jacke, schwarzer Hose, Filzkäppi und Ledertasche mit Ledergurt gehört er zur Krönung einer jeden Sammlung.

PETER

ERSTES BEKANNTES PRODUKTIONSJAHR: **ca. 1926**
HERSTELLER: **Gebrüder Süssenguth**
HERKUNFTSLAND: **Deutschland**   GRÖSSE: **33,5 cm**

Hier ein Exemplar des „Peter"-Bären der Gebrüder Süssenguth. Dieser wilde Kerl war bei den Kindern seiner Zeit aber nicht besonders beliebt!

Der „Peter"-Bär gehört zu den bekanntesten Modellen dieses Herstellers.

STEIFF-TEDDYBÄR

ERSTES BEKANNTES PRODUKTIONSJAHR: **ca. 1925/1926**
HERSTELLER: **Margarete Steiff**
HERKUNFTSLAND: **Deutschland**   GRÖSSE: **35 cm**

Ein liebenswerter weißer Steiff-Teddybär, der wegen seiner höchst ungewöhnlichen Farbe heißbegehrt und sehr wertvoll ist.
   Am Knopf im linken Ohr erkennt man noch Reste eines roten Etiketts.

CHAD-VALLEY-BÄR

ERSTES BEKANNTES PRODUKTIONSJAHR: **dreißiger Jahre**
HERSTELLER: **Chad Valley Company Limited**
HERKUNFTSLAND: **Großbritannien**   GRÖSSE: **55 cm**

Dieser ungewöhnliche Chad-Valley-Bär aus den dreißiger Jahren besteht aus weißem Mohairplüsch und mißt an die 55 cm. Achten Sie auf die Krallenstickerei an den Füßen und die langen Krallen der Handpfoten – typische Merkmale der meisten Chad- Valley-Bären.

TEDDYBÄREN-PORTRÄTS

STEIFF-TEDDYBÄR

ERSTES BEKANNTES PRODUKTIONSJAHR: ca. 1925/1926
HERSTELLER: **Margarete Steiff**
HERKUNFTSLAND: **Deutschland**   GRÖSSE: **61 cm**

Dieser Steiff-Bär wurde nach 1925 hergestellt, erkennbar an den Resten des roten Etiketts am Knopf. Ein derart gut erhaltener Bär besitzt hohen Sammlerwert.

Später, zu Beginn der dreißiger Jahre, brachte Steiff den putzig grinsenden Bären „Dicky" heraus. Es gab ihn meist in goldfarbenem Mohairplüsch in acht Größen, eine seltenere weiße Version in fünf Größen. Um 1936 wurde ein billigeres Modell mit eingesetzter Schnauze und großen Füßen vorgestellt. Wenn Sie einen „Dicky" auftreiben, sind Sie wirklich zu beneiden.

Die „Zirkus"-Bären aus den Jahren 1936–1938 mit Schnappgelenken und einem Mechanismus im Hals, der die Stellung von Gliedern und Kopf veränderte, gehören nach wie vor zu den seltensten Teddys dieser Epoche.

EMIL-TOYS-TEDDYBÄR

ERSTES BEKANNTES PRODUKTIONSJAHR: **Ende der dreißiger Jahre**
HERSTELLER: **Emil Toys**
HERKUNFTSLAND: **Australien**   GRÖSSE: **40,5 cm**

In Australien begann man erst Ende der zwanziger Jahre mit der Teddybärenproduktion. Charakteristisch ist die große Ähnlichkeit mit den zeitgleich hergestellten britischen Bären.

Emil Toys wurde erst spät in den dreißiger Jahren gegründet und poduzierte seine Teddybären im Bundesstaat Victoria. Hauptmerkmal der Bären ist ihr kampfbereites Aussehen, bedingt durch einen großen, runden, direkt auf der Schulter befestigten Kopf, kleine Ohren, weit auseinanderstehende Glasaugen, eine charakteristische breite Nase mit zwei ausgeprägten, aufwärts gerichteten Außenstichen und einen breiten Mund.

Dieser Bär von Emil Toys stammt aus den späten dreißiger Jahren, man erkennt ihn am unbeweglichen Kopf.

ZWISCHEN DEN WELTKRIEGEN

JOY-TOYS-TEDDYBÄR

ERSTES BEKANNTES PRODUKTIONSJAHR: ca. 1930
HERSTELLER: **Joy Toys Pty**
HERKUNFTSLAND: **Australien**   GRÖSSE: **61 cm**

Australiens erster Teddybärenproduzent gründete sein Unternehmen in Melbourne Ende der zwanziger Jahre. Der große Durchbruch gelang ihm aber erst um 1935 mit der Produktion von Disney-Figuren.

Damals fertigte Joy Toys seine Teddys aus hochwertigem Mohairplüsch an und stopfte sie gewöhnlich weich mit Baumwolle, nur für den Kopf verwendete man Holzwolle. Gelegentlich wurde auch der gesamte Bär mit Holzwolle gestopft.

Ein Etikett, über die Mitte der rechten Kunstlederpfote genäht, trug den aufgestickten grünen Schriftzug „Joy-Toys made in Australia" auf weißem Untergrund (es wurden auch Etiketten unter dem linken Fuß gefunden).

Der hier abgebildete Teddy ist im Gegensatz zu vielen anderen australischen Bären voll beweglich. Er erinnert stark an britische Bären jener Zeit.

PETER

ERSTES BEKANNTES PRODUKTIONSJAHR: ca. 1926
HERSTELLER: **Gebrüder Süssenguth**
HERKUNFTSLAND: **Deutschland**   GRÖSSE: **34 cm**

Diese deutsche Herstellerfirma brachte etliche Teddybär-Modelle auf den Markt, am bekanntesten ist der „Peter"-Bär mit Kulleraugen, beweglicher Zunge und offenem Maul. Der Teddy auf unserer Abbildung sitzt noch im Originalkarton. Das runde Etikett auf der Brust trägt die Aufschrift „Peter – Ges. gesch. – Nr. 895257".

„Peter"-Bären wurden in drei Größen und Farben hergestellt. Das gängigste Modell bestand aus dunkelbraunem Mohairplüsch mit hellbraunen Spitzen. Auf der Brust sollten Sie ein weißes Etikett mit Metallrand finden.

Eine erfreuliche Mitteilung für Sammler: Diese beachtlichen Teddybären findet man immer noch, erst kürzlich wurde in einer kleinen Spielwarenfabrik ein Lager voller ungeöffneter Kartons mit „Peter"-Bären entdeckt.

CHARACTER NOVELTY COMPANY-TEDDYBÄR

ERSTES BEKANNTES PRODUKTIONSJAHR: **Ende 1940**
HERSTELLER: **Character Novelty Company**
HERKUNFTSLAND: **USA** GRÖSSE: **49 cm**

Zum Leidwesen der Sammler engten neue Sicherheitsbestimmungen die Freiheit von Design und Produktion von Teddybären sehr stark ein: Teddys nach 1960 sind im allgemeinen weniger ausdrucksstark und ansprechend.

Character Novelty Co. produzierte seine Bären nach dem Krieg und in den fünfziger Jahren und stattete sie mit schwarzen Knopfaugen auf weißem Filzkreis aus. Unverkennbare Merkmale dieser Teddys sind ihre Silhouette und die Filzkreise hinter den Augen.

Als Markenzeichen wählte das Unternehmen ein gedrucktes Etikett mit dem Namen „Character". Wie die Abbildung zeigt, ist es in die linke Ohrnaht eingenäht.

TEDDYBÄR VON KNICKERBOX

ERSTES BEKANNTES PRODUKTIONSJAHR: **ca. 1940**
HERSTELLER: **Knickerbox Toy Company**
HERKUNFTSLAND: **USA** GRÖSSE: **49 cm**

Wie viele andere produzierte auch dieser bekannte amerikanische Hersteller auf der Grundlage seiner Vorkriegsentwürfe. Allerdings bevorzugte man – ähnlich wie deutsche Firmen jener Zeit – eine geschorene, eingesetzte Schnauze. Außer sehr hübschen Teddys von guter Qualität Ende der vierziger und fünfziger Jahre brachte das Unternehmen recht wenig auf den Markt.

Der hier gezeigte Knickerbox-Teddy stammt aus den vierziger Jahren und gehört zu den schönsten amerikanischen Spielzeugbären der Nachkriegszeit. Beachten Sie das typische Knickerbox-Etikett auf der Brust dieses bemerkenswert gut erhaltenen Exemplars.

CHAD-VALLEY-TEDDY

ERSTES BEKANNTES PRODUKTIONSJAHR: **ca. 1950**
HERSTELLER: **The Chad Valley Company Limited**
HERKUNFTSLAND: **Großbritannien** GRÖSSE: **72 cm**

Viele Chad-Valley-Bären nach dem Krieg basierten auf dem Vorkriegsdesign. Im Laufe der Jahre wurden die wunderbaren Teddys mit den ausdrucksstarken Zügen aber leider durch flachgesichtige, recht langweilige Teddybären ersetzt. Anscheinend ging der Firma allmählich der Anspruch und vielleicht auch die Fähigkeit verloren, qualitativ hochwertige Bären herzustellen. Chad-Teddybären aus dieser Epoche sind, mit höchstens ein oder zwei Ausnahmen, nicht besonders interessant.

Der hier abgebildete Chad-Valley-Bär trägt das ursprüngliche königliche Gütezeichen mit der Aufschrift „HM the Queen".
Im Jahre 1953 wurde diese in „HM Queen Elizabeth the Queen Mother" geändert.

CHEEKY

ERSTES BEKANNTES PRODUKTIONSJAHR: **um 1957**
HERSTELLER: **Merrythought Limited**
HERKUNFTSLAND: **Großbritannien** GRÖSSE: **38 cm + 60 cm**

Das Unternehmen Merrythought orientierte sich weitgehend an seinen Bären aus den späten dreißiger Jahren, erst der Bär „Punkinhead", gefolgt von „Cheeky", weckte bei Sammlern wieder Interesse.

Frühe Versionen der „Cheeky"-Teddybären sollten das gedruckte Etikett mit der Aufschrift „Hygienic Toys" (in der Mitte) tragen und nicht die Worte „Ironbridge, Shrops"; dieses Etikette taucht erst ab dem Jahre 1957 auf.

TEDDYBÄREN-PORTRÄTS

LEFRAY-TEDDYBÄR

ERSTES BEKANNTES PRODUKTIONSJAHR: **Mitte 1950**
HERSTELLER: **Lefray Limited**
HERKUNFTSLAND: **Großbritannien**   GRÖSSE: **53 cm**

Dieses britische Unternehmen wurde im Jahre 1948 gegründet. Lefray-Bären waren typisch britische Teddys ihrer Zeit, eine Ausnahme bildet ein recht ungewöhnlicher, stehender Bär mit starrem Körper und etwas merkwürdigem Gesicht.

Der hier gezeigte, recht eigenwillige Teddy steht auf sehr kurzen, steifen Beinen, Kopf und Arme sind jedoch beweglich. Die Ohrmuscheln bestehen aus braunem Samt, die Nüstern sind rot.

TEDDYBÄR DER GEBRÜDER HERMANN

ERSTES BEKANNTES PRODUKTIONSJAHR: **ca. 1956**
HERSTELLER: **Gebrüder Hermann**
HERKUNFTSLAND: **Deutschland**   GRÖSSE: **41 cm**

Das Unternehmen Gebrüder Hermann produzierte weiterhin ähnliche Bären wie vor dem Krieg, allerdings stellte man zum selben Zeitpunkt wie Steiff ein „Zotty-Modell" vor. Die Teddys lassen sich oft nur schwer voneinander unterscheiden.

Nase und Mund sind jedoch anders geformt als bei den Steiff-Bären, der Brustlatz hebt sich farblich nicht vom Fell ab, und die Augen haben keinen Filzhintergrund.

Achten Sie auf den grün-silbernen, rosettenförmigen Brustanhänger wie auf der Abbildung, er wurde im Jahre 1952 eingeführt. Sollten Sie statt dessen einen runden Blechanhänger mit der Aufschrift „Hermann-Teddy-Original" finden, können Sie davon ausgehen, daß dieser zwischen 1941 und 1951 produziert wurde.

Wendy Boston (ca. 1945)

Die bekannten, weitverbreiteten Bären von Wendy Boston wurden von den fünfziger bis hinein in die sechziger Jahre produziert. Den Nylonteddy „Playsafe" konnte man in die Waschmaschine stecken – danach sah er aus wie neu.

Die farbenfrohen Bären waren in einem Stück gearbeitet und erschienen in allen Größen auf dem Markt. Auch heute sind sie wieder sehr beliebt. Unten sehen Sie eine repräsentative Auswahl von Wendy Boston „Playsafe"-Teddys aus den späten fünfziger und sechziger Jahren. Beachten Sie, daß einige Petze das Etikett ganz normal auf der rechten Fußsohle tragen, andere auf der linken. Achten Sie auf Bären mit rosa-weiß gedrucktem Markenzeichen aus Satin, es ist gewöhnlich unter die rechte Fußsohle genäht. Auch wenn der Teddy oft gewaschen wurde, erkennt man deutlich das Etikett.

Anfang der fünfziger Jahre stellte Wendy Boston auch traditionelle Mohair-Teddys mit Gelenken her.

DEANS-TEDDYBÄR

ERSTES BEKANNTES PRODUKTIONSJAHR: **ca. 1955**
HERSTELLER: **Deans Rag Book Company Limited**
HERKUNFTSLAND: **Großbritannien** GRÖSSE: **51 cm**

Deans Rag Book Company Limited gehört zu den ältesten Spielzeugfabrikanten Großbritanniens. Obwohl bereits 1908 die berühmten Teddybär-Schnittmuster aus bedrucktem Baumwollstoff auf dem Markt erschienen, produzierte das Unternehmen Deans erst um 1915 seinen ersten Teddy.

Im Jahre 1955 wurde eine bemerkenswerte neue Plüschtierserie nach lebenden Tieren eingeführt, darunter auch ein Bär, dessen geformtes Gesicht mit Mohairplüsch überzogen war. Hand- und Fußpfoten bestanden aus geformtem Gummi. Es gab eine schwarze Version dieses Teddys als Abbild eines Grizzly-Bären und die hier abgebildete Variante eines hellen Teddy, der einen Eisbären darstellen soll. Beide Bärenmodelle sind sehr selten und aus diesem Grund von hohem Sammlerwert.

FARNELL-TEDDYBÄR

ERSTES BEKANNTES PRODUKTIONSJAHR: **ca. 1964/1965**
HERSTELLER: **J. K. Farnell & Company Limited**
HERKUNFTSLAND: **Großbritannien** GRÖSSE: **45 cm**

Einige Farnell-Bären aus den frühen fünfziger Jahren lohnen durchaus die Suche. Achten Sie auf das blau und rot bedruckte Etikett mit Ritterschild, es war an den Teddys aus den Jahren 1940 bis 1964 angebracht.

Im Jahre 1964, zeitgleich mit dem Umzug des Unternehmens nach Hastings in Sussex, verwendete man ein schlichtes gedrucktes Etikett mit der Aufschrift „This is a Farnell Quality Soft Toy made in Hastings, England" („Dies ist ein Qualitäts-Plüschtier von Farnell, hergestellt in Hastings, England"). Leider erreichten die Teddybären nie ganz den selbstgestellten Anspruch.

Der hier abgebildete Petz ist möglicherweise der letzte wirklich ausdrucksstarke Bär von Farnell. Das Etikett an der Körperseite datiert diesen Teddy in die Jahre 1964/1965.

STEIFF-TEDDYBÄR

ERSTES BEKANNTES PRODUKTIONSJAHR: **ca. 1954/1955**
HERSTELLER: **Margarete Steiff**
HERKUNFTSLAND: **Deutschland**   GRÖSSE: **28 cm**

Bei näherer Betrachtung erkennt man die Verwandtschaft der gleich nach dem Krieg hergestellten Teddys mit ihren Artgenossen, die 10 oder 20 Jahre zuvor produziert wurden. Das schmale Gesicht ist ein Steiff-Charakteristikum geblieben, die neue Zeit forderte jedoch einige Veränderungen.

Der Teddy „Jackie", der zum 50. Firmenjubiläum 1953 in drei Größen produziert wurde, wäre wohl eins Ihrer wertvollsten Stücke! Die „Zotty"-Serie, Bären mit offenem Maul, zottigem, meliertem Mohairplüsch und hell gefärbter Brust wurde 1951 eingeführt. Es gibt sehr viele Varianten davon. Versuchen Sie aber einen Bären zu ergattern, der den Knopf im Ohr als auch das Etikett auf der Brust hat. Suchen Sie den seltensten „Zotty", einen weißen Bären!

Der abgebildete Bär zeigt deutlich, daß originale Steiff-Teddys ab 1952 ein wenig rundlicher wurden. Achtung: es gibt aus dieser Zeit viele ähnliche Teddybären von anderen Herstellern.

- **WEITERE DEUTSCHE HERSTELLER** -

PETZ Über dieses Unternehmen gibt es die widersprüchlichsten Informationen. Kenner behaupten, die Firma hätte schon während des Ersten Weltkriegs Teddybären produziert, andere wiederum meinen, sie hätte erst nach dem Zweiten Weltkrieg mit der Herstellung begonnen. Bis heute wissen wir nicht sicher Bescheid. Die meisten Petz-Teddybären lassen sich anhand des noch vorhandenen typischen Milchglasknopfes mit rotem Symbol auf der Brust identifizieren. Wahrscheinlich stammen sie aus der Zeit nach 1946.

Andere bekannte Hersteller aus dieser Periode sind: Clemens, Grisly Spielwaren, Althans KG, Anker, Baweku GmbH, Baumann & Kienes KG, EBO, Heunec und Hugo Koch.

Hugmee

ERSTES BEKANNTES PRODUKTIONSJAHR: **um 1963**
HERSTELLER: **H. G. Stone & Company Limited (Chiltern Toys)**
HERKUNFTSLAND: **Großbritannien** GRÖSSE: **68 cm**

Auch in der Wiederaufbauphase nach dem Krieg blieb der „Hugmee" das Prachtstück des Chiltern-Programms. Besonders Teddybären aus der Produktion Ende der fünfziger und zu Beginn der sechziger Jahre lohnen die Suche.

Durch Einführung der geschorenen Schnauze trat nunmehr eine Veränderung der Gesichtszüge ein. Konstruktion und Gestalt des Torso blieben jedoch gleich. Aus Kunststoff geformte Nasen tauchten um 1958 auf, außerdem hängende Schlappohren.

Der hier gezeigte Teddy ist eine spätere Version des „Hugmee" von Chiltern. Die Ohren liegen flach am Kopf an, und das Gesicht ist etwas ausdrucksvoller als das seiner Vorgänger.

Musikalischer stehender Teddybär

ERSTES BEKANNTES PRODUKTIONSJAHR: **ca. 1959/1960**
HERSTELLER: **H. G. Stone & Company Limited (Chiltern Toys)**
HERKUNFTSLAND: **Großbritannien** GRÖSSE: **29 cm**

Andere Prachtexemplare der Chiltern-Bären sind der „Ting-a-Ling-Bär" (1953) und das musikalische „Baby Bruin" (1958). Die Teddys sind sich recht ähnlich, allerdings haben die Beine von „Baby Bruin" kein Gelenk (siehe Abbildung), sondern sind starr. Der Teddy kann daher nur aufrecht stehen.

Ein bedrucktes Etikett, blau auf weiß, wurde jetzt auf die rechte Fußsohle geklebt. Oft hat es sich gelöst, aber im allgemeinen erkennt man bei genauem Hinsehen, wo es befestigt war.

Man verwendete auch rotbedruckte Etiketten, nähte diese jedoch – wie ähnliche blaue Etiketten – in die Seitennaht des Körpers ein.

LINDEE-TOYS-TEDDYBÄR

ERSTES BEKANNTES PRODUKTIONSJAHR: **fünfziger Jahre**
HERSTELLER: **Lindee Toys**
HERKUNFTSLAND: **Australien**   GRÖSSE: **50 cm**

Die Firma Lindee Toys wurde in den letzten Kriegsjahren in Sydney gegründet, sie brachte eine Vielfalt typisch australischer Teddybären auf den Markt. In den ersten Produktionsjahren stellte sie einen recht interessanten musikalischen Bären mit charakteristisch geformter Hartgumminase und ungewöhnlichen tropfenförmigen Kunstledersohlen her.

Der niedliche Teddy auf der Abbildung stammt aus den fünfziger Jahren. Beachten Sie die geformte Hartgumminase und die tropfenförmigen Fußsohlen aus Rexin.

In die rechte Fußsohlennaht war das Etikett genäht: roter Aufdruck auf weißer Rehkitz-Kontur mit den Worten „Lindee Toys".

VERNA-TEDDYBÄR

ERSTES BEKANNTES PRODUKTIONSJAHR: **fünfziger Jahre**
HERSTELLER: **Verna**
HERKUNFTSLAND: **Australien**   GRÖSSE: **75 cm**

Obwohl dieses australische Unternehmen schon 1941 gegründet wurde, begann es wahrscheinlich aufgrund der Handelsbeschränkungen während des Krieges erst um 1948 mit der Teddybärenmanufaktur.

Verna-Bären sind stark von britischen Bären beeinflußt, charakteristisch ist jedoch die bohnenförmige Nase aus Filz. Für Kopf, Körper und Gliedmaßen verwendete man geformten Schaumgummi, über den der Stoff gezogen wurde. Sie erkennen einen Verna-Bären an dem weißen Etikett mit roter Stickerei.

Der hier gezeigte, mit Schaumgummi gefüllte Verna-Teddy stammt aus den fünfziger Jahren. Beachten Sie die bohnenförmige schwarze Filznase und das gestickte Maul.

BERLEX-TEDDYBÄR

ERSTES BEKANNTES PRODUKTIONSJAHR: **fünfziger Jahre**
HERSTELLER: **Berlex Toy Pty**
HERKUNFTSLAND: **Australien**   GRÖSSE: **51 cm**

Obwohl das Unternehmen seit den dreißiger Jahren existierte, ist nicht bekannt, zu welchem Zeitpunkt es Teddybären in sein Programm aufnahm. Höchstwahrscheinlich geschah dies irgendwann in den fünfziger Jahren, da der qualitativ minderwertige Mohairplüsch der Bären typisch für diese Zeit ist.

Berlex übernahm den bei vielen australischen Teddybärenherstellern beliebten starren Hals (ohne Gelenk). Achten Sie auf die rote Druckschrift auf weißem Etikett an einem Bärenarm und auf die bei Berlex meist dreieckig gestickte Nase.

Der Kopf dieses Berlex-Bären aus den Fünfzigern sitzt fest auf dem Hals, Arme und Beine sind jedoch beweglich. Beachten Sie die dreieckige Nase und das Etikett auf dem linken Arm.

SCHUCO-TEDDYBÄR

ERSTES BEKANNTES PRODUKTIONSJAHR: **ca. 1950**
HERSTELLER: **Schuco (Schreyer & Co.)**
HERKUNFTSLAND: **Deutschland**   GRÖSSE: **44 cm**

Die gefragtesten Bären der Firma Schuco sind die unmittelbar nach dem Zweiten Weltkrieg hergestellten. Das Unternehmen konnte seinen Vorkriegsstandard aufrechterhalten, allerdings sind derart gut erhaltene Exemplare wie der abgebildete Teddy äußerst selten.

Star des Schuco-Programms war zweifellos eine Version des „Ja/Nein"-Bären mit Namen „Tricky". Von diesem Teddy gab es auch noch eine musikalische Variante. Achten Sie auf ein rotes, rosettenförmiges Plastiketikett auf der Brust mit der Aufschrift „Schuco Tricky". Wenn auf der Rückseite „made in US Zone Germany" steht, stammt der Teddy aus der Zeit vor 1953.

Ein weiteres begehrtes Exemplar ist das niedliche „Ja/Nein"-Bärenmädchen in Blümchenkleid und Schürze, besonders wenn die Kleidung noch vollständig ist. Man beachte, daß Kopf, Hände und Füße aus Mohairplüsch bestehen und daß der Torso, Arme und Beine mit Holzwolle gestopft sind. Außerdem produzierte Schuco weiterhin Teddy-Winzlinge mit Blechtorso; die Vorkriegsstücke hatten Füße aus Filz, auf die man nach dem Krieg verzichtete. Vermutlich gibt es eine Ausnahme – einen Teddy aus den frühen Fünfzigern.

EMIL-TOYS-TEDDYBÄR

ERSTES BEKANNTES PRODUKTIONSJAHR: **fünfziger Jahre**
HERSTELLER: **Emil Toys**
HERKUNFTSLAND: **Australien** GRÖSSE: **51 cm**

Die Teddybären dieses australischen Herstellers sehen den Bären von Joy Toys bemerkenswert ähnlich (siehe unten), allerdings scheint es bei Emil-Toys-Bären nie ein Krallenmuster zu geben.
    Der abgebildete Teddy hat nur noch ein Auge, dennoch ist dieser Bursche aus Mohairplüsch mit steifem Hals für viele Sammler ausgesprochen attraktiv. Beachten Sie die spitz zulaufenden Außenstiche auf der Nase.
    Einen Emil-Toys-Bären erkennen Sie am Etikett auf dem Rücken oder Arm mit dem Großbuchstaben „E" und einem Teddybären darauf.

JOY-TOYS-TEDDYBÄR

ERSTES BEKANNTES PRODUKTIONSJAHR: **sechziger Jahre**
HERSTELLER: **Joy Toys Pty**
HERKUNFTSLAND: **Australien** GRÖSSE: **38 cm**

Wie andere australische Bärenproduzenten orientierte sich auch Joy Toys nach dem Krieg an den Entwürfen britischer Hersteller.
    Während man vorher Mohairplüsch im Überfluß verwendet hatte, wurde dieser nun mehr und mehr durch preiswerteren synthetischen Plüsch ersetzt. Auch die weiche Baumwollstopfung gab man zugunsten einer Füllung aus Schaumstoff auf. Leider ist Schaumstoff nicht haltbar und zerbröselt im Lauf der Zeit. Der rechts abgebildete Teddybär ist ein typisch australisches Exemplar von Joy Toys. Er ist mit Schaumgummi gefüllt.
    Sowohl die spitz zulaufende Nase mit Außenstichen als auch das weiße Etikett mit grüner Druckschrift wurden von Joy Toys nach dem Krieg beibehalten.

TEDDYBÄREN-PORTRÄTS

HUG

ERSTES BEKANNTES PRODUKTIONSJAHR: **ca. 1983**
HERSTELLER: **North American Bear Company**
HERKUNFTSLAND: **USA**   GRÖSSE: **47 cm**

Barbara Isenberg gründete dieses amerikanische Unternehmen im Jahre 1979, aber erst die Einführung der „Very-Important-Bear-Serie" (VIB) 1980 weckte das Interesse der Sammler. Die Teddybären wurden nach berühmten Persönlichkeiten entworfen, darunter Amelia Bearheart, Abearheim Lincoln, Bearlie Chaplin, Bearilyn Monroe und Elizabear Taylor mit Richard Bearton aus dem Film Cleopawtra.

Der oben gezeigte „Hug", nach einem Entwurf von Ted Menten, gehört zu den ersten Produktionserfolgen der Firma North American Bear Company. Weitere sehr erfolgreiche Teddy-Modelle waren die Serien „Vanderbear" und „Muffy".

Anfangs gefielen die Teddys vorwiegend amerikanischen Sammlern, heute werden sie auch in anderen Ländern geschätzt.

ROSIE

ERSTES BEKANNTES PRODUKTIONSJAHR: **ca. 1993**
HERSTELLER: **Canterbury Bears**
HERKUNFTSLAND: **Großbritannien**   GRÖSSE: **53 cm**

Die Firma Canterbury produziert in großem Umfang Standard-Teddybären sowie limitierte Auflagen speziell für Sammler. Alle Teddys werden von Handwerkern gefertigt, die mit Liebe und Leidenschaft am Werk sind.

„Rosie" auf unserer Abbildung wurde von Maude und John Blackburn entworfen, zwei führenden Designern sowohl auf dem Gebiet besonderer Editionen als auch von Standardserien.

Den Blackburns liegen typisch amerikanische Bären besonders am Herzen. Seit 1991 produzieren sie zusammen mit der amerikanischen Firma Gund Inc. of America eine ganz besondere Serie limitierter Sammlerauflagen für die USA.

DELICATESSEN-BÄR

ERSTES BEKANNTES PRODUKTIONSJAHR: **ca. 1987**
HERSTELLER: **House of Nisbet**
HERKUNFTSLAND: **Großbritannien** GRÖSSE: **63 cm**

Von allen zeitgenössischen Herstellern ist das Unternehmen House of Nisbet unter Leitung von Jack Wilson das experimentierfreudigste. Jack Wilson unterhielt eine sehr fruchtbare Geschäftsbeziehung mit Peter Bull, die mit der Einführung der „Bully Bear"-Serie und der Edition von zwölf „Zodiac"-Bären nach einem Buch von Pauline McMillan und Peter Bull ihren Höhepunkt erreichte. Die Welt der Teddys erlitt einen herben Verlust, als sich Jack im Jahr 1989 zurückzog und House of Nisbet von der Firma Dakin übernommen wurde.

„Delicatessen" („Aloysius"), auch ein Teddy von Peter Bull, ist unvergleichlich. Bei diesem Teddy wurde zum ersten Mal abgewetzter, antik wirkender Mohairplüsch verarbeitet.

Limitierte Auflagen wie diese sind heute recht schwer zu finden und eine Bereicherung jeder guten Sammlung.

HEDDA HAIR

ERSTES BEKANNTES PRODUKTIONSJAHR: **ca. 1989**
HERSTELLER: **House of Nisbet**
HERKUNFTSLAND: **Großbritannien** GRÖSSE: **40 cm**

Die folgenden Teddybären aus der Nisbet-Jubiläumsserie waren auf je 5 000 Exemplare limitiert:

„Yetta", „Eric-Jon", „Maybe" und „Wizard" von Carol-Lynn Rössell Waugh • „Little Brown" von Johnny Gruelle • „Pearly King" von Doris und Terry Michaud • „Uncle Wiggily" von Mabel R. Garis • „Bellhop" und „Clown" von April Whitcomb • „Ja/Nein-Bär" nach dem Schuco-Modell • „Sir Freddie Farthing" von Ted Menten • „Precious the Paper Doll" von Peggy Jo Rosamond • „Mr. Do-it-all" von Linda Mullins • „Hedda Hair" von Lillian Rohaly • „Anything" von Rosemary Volpp • „Theodore B. Bear" und „Victoria Bear", beide von Beverley Port • „Red Mittens" von Pat Schoonmaker • „Grinnee Bearit" von Lucy Major • „Gyles" von Gyles Brandreth • „Drum Major" von Dee Hockenberry • und „Bentley" von Dakin.

Obwohl er im Nisbet-Katalog von 1990 steht, wurde der Teddybär „Jim Ownby Tribute" von Peggy Maxwell offenbar nie produziert.

TEDDYBÄREN-PORTRÄTS

LIMITIERTE TEDDY-EDITIONEN DER FIRMA STEIFF

Die Nachfrage nach neuen Modellen und die Konkurrenz durch billige Importware veranlaßten das Unternehmen, zur Hundertjahrfeier 1980 eine neue Teddybären-Edition herauszubringen. Sie war so erfolgreich, daß die Firma damit begann, ihre Originalbären mit modernen Materialien so getreu wie möglich zu reproduzieren. Übrigens werden die alten Teddys im 1980 eröffneten Steiff-Museum ausgestellt.

Regelmäßig stellte Steiff exklusive limitierte Auflagen für große Warenhäuser in der ganzen Welt her, außerdem für die jährlich stattfindenden Tagungen in Disneyworld und Disneyland.

Viele, aber längst nicht alle Steiff-Teddybär-Repliken sind im Wert gestiegen, einige sogar beträchtlich — eine Verlockung für manchen Sammler!

OBEN: Größerer Steiff-Teddy einer limitierten Edition von 5000 Stück (70 cm) aus dem Jahre 1993.

OBEN: Steiff-Replik des weltberühmten „Happy" aus dem Jahre 1990, der 1926 wohl genau so ausgesehen hat (Größe 65 cm).

OBEN: Einer der in fünf Größen (unlimitiert) hergestellten, goldfarbenen Teddys „Margaret Strong", die Steiff im Jahre 1982 vorstellte (60 cm).

Lakeland-Teddybär

ERSTES BEKANNTES PRODUKTIONSJAHR: **ca. 1991**
HERSTELLER: **Lakeland Bears/Little Folk**
HERKUNFTSLAND: **Großbritannien**   GRÖSSE: **59 cm**

Dieser nett gekleidete Plüschbär „heading for the hills" („Der Berg ruft!") ist das Ergebnis einer Zusammenarbeit zwischen den Firmen Lakeland Bears (Design des Kostüms) und Little Folk.
  Bereits im Gründungsjahr 1980 exportierte die Firma den größten Teil ihrer Teddybären in die USA. Für die allerersten Entwürfe verwendete man Mohairplüsch. Da Bären aus diesem Material aber zu teuer wurden, führte man um 1982 den billigeren Acrylplüsch ein. Diese Serie wird noch heute produziert und ist sehr gefragt.

Gebrüder-Hermann-Teddybär

ERSTES BEKANNTES PRODUKTIONSJAHR: **ca. 1984**
HERSTELLER: **Gebrüder Hermann**
HERKUNFTSLAND: **Deutschland**   GRÖSSE: **unbekannt**

Seit jeher zählt das Unternehmen zu den führenden deutschen Teddybärproduzenten; im Jahre 1984 tauchte Gebrüder Hermann auch auf dem Markt der Bären-Spezialeditionen auf. Das abgebildete Exemplar ist die Replik eines Teddys aus den dreißiger Jahren und wurde zur Erinnerung an Helen Sieverling und ihre Verdienste auf dem Gebiet des Teddybärensammelns herausgebracht.

DER DESIGNER-BÄR

ERSTES BEKANNTES PRODUKTIONSJAHR: **um 1991**
HERSTELLER: **Gebrüder Hermann**
HERKUNFTSLAND: **Deutschland** GRÖSSE: **57 cm**

Wie viele andere etablierte Produzenten stellt auch Gebrüder Hermann Neuauflagen von früheren Modellen her, was natürlich von Sammlern in aller Welt freudig begrüßt wird.

Am bekanntesten und beliebtesten sind wohl: der „Jubiläums"-Bär (1986), der „Designer"-Bär (1991), der „Berliner Mauer"-Bär (1991) und der „Wiedervereinigungs"-Bär (1991).

Der abgebildete „Designer" zeigt beispielhaft Persönlichkeit und Qualität aller Teddys der limitierten Editionen von Gebrüder Hermann.

CANTERBURY-BÄREN

ERSTES BEKANNTES PRODUKTIONSJAHR: **ca. 1991/1993**
HERSTELLER: **Canterbury Bears**
HERKUNFTSLAND: **Großbritannien** GRÖSSE: **57 cm und 60 cm**

Die Firma Canterbury Bears wurde im Jahre 1981 von John und Maude Blackburn gegründet und entwickelte sich im Lauf der Zeit vom kleinen Familienbetrieb zu einem mittelständischen Unternehmen. Die limitierten Editionen werden speziell für Sammler in aufwendiger, liebevoller Handarbeit hergestellt.

Der Jubiläumsbär zum zehnjährigen Bestehen der Firma Canterbury Bears (100/500) legt hier den Arm um „Swallow", einen der 25 Bären einer Sonderedition.

Limitierte Teddybär-Auflagen der Firma Steiff

Seltenheitsfaktor

1–3 gegenwärtig erhältlich und leicht zu finden
4–5 relativ leicht zu finden
6–8 relativ schwer zu finden
9–10 sehr selten und teuer

BEACHTEN SIE: Bis 1991 standen die letzten beiden Nummern des Produktcodes für die Größe in cm. Danach wurde die EAN-Nummer, ein europäischer Standard, eingeführt.

o. J. = ohne Jahresangabe   W/W = weltweit

OBEN: „Jubiläumsbär" oder „Papa Bär" aus der ersten zeitgenössischen, limitierten Edition von 1980 (Größe 43 cm).

Produktionsjahr		Replik-Produktcode	Beschreibung	Anzahl	Seltenheitsfaktor
Original	Replik				
1903	1980	0153/43	Jubiläums-Bär, allgemein bekannt als Papa Bär	11 000 W/W (6 000 mit deutschem und 5 000 mit engl. Zertifikat für USA)	9–10
1903	1981	0155/38	Mama und Baby Set (Mama 40 cm, Baby 15 cm)	8 000 USA	9
o. J.	1982	0203/00	Original-Teddy weisses Set	2 000 USA	9
o. J.	1982	0204/17	Tea Party Set (4 bekl. Bären mit Teeservice u. Diorama)	10 000 USA	6–7
1905	1982/83	0150/32	Richard Steiff Teddy	nicht numeriert, ohne Zertifikat, mit anhängendem signiertem Büchlein. Schätzungsweise 11 000 bis 20 000 W/W	8
o. J.	1983	0210/22	Teddy Roosevelt Gedenk-Set oder Nimrod oder Lagerfeuer (4 kleine bekleidete Bären mit Diorama)	10 000 USA (Achtung: Viele Sets wurden aufgelöst und die Teddys einzeln verkauft!)	7
1904	1983	0160/00	Margaret Strong Chocolate Set (4 verschiedene Bären: 18 cm, 26 cm, 32 cm und 42 cm)	2 000 USA	8

Produktionsjahr		Replik-Produktcode	Beschreibung	Anzahl	Seltenheits-faktor
Original	Replik				
1904	1984	0156/00	Margaret Strong Cinnamon Set (4 verschiedene Bären: 18 cm, 26 cm, 32 cm und 42 cm)	2 000 USA	8–9
1894	1984	0082/20	Roly-Poly Bear (Stehaufbär)	9 000 W/W	4–5
1906	1984	0162/00	Giengen Teddy Set (Mutter 32 cm, mit Baby in der Wiege 10 cm)	16 000 W/W	6–7
o. J.	1984	4003 (großes Set)	Goldilocks & 3 Bears, (Goldlöckchen und die 3 Bären), Papa Bär 33 cm, Mama 30 cm, Baby 24 cm. Puppe von Susan Gibson	2 000 USA	7
o. J.	1984	0225/42	Ophelia Teddy aus Ophelia's World von Michelle Durkson-Clise	USA, zeitlich limitierte Produktion (Knopf, aber kein Etikett)	7
1930	1985	0172/32	Dicky Bär	20 000 W/W	6
1905	1985	0085/12	Bär auf Rädern	12 000 W/W	5
o. J.	1985	4004 (kleines Set)	Goldilocks & 3 Bears Papa-Bär 23 cm, Mama 18 cm, Baby 12,5 cm und Puppe	5 000 USA	6–7
1904	1985	0158/25 0158/31 0158/41	Margaret Strong, weiss (Ledersohlen) (Ledersohlen) (Ledersohlen)	2 000 USA	8
1904	1986	0158/50	Margaret Strong, weiss (Ledersohlen) groß	750 USA	9–10
1926	1986	0170/32	Teddy Clown	10 000 W/W	7
1953	1986/87	0190/25	Jackie Bär (mittelgroß)	10 000 W/W	6–7
1913	1987	0164/31 0164/32 0164/33 0164/30	Circus Dolly Bears gelb grün violett hellgelb (man beachte: blau und rot stehen auch im Katalog, wurden aber nicht produziert)	ursprünglich 5 000 USA, dann W/W	6–7 6 6 9

LIMITIERTE EDITIONEN

UNTEN: „Teddy Rose", eine Replik mit Mittelnaht, wurde 1987 hergestellt; sie mißt 41 cm. Unter den Sammlern hat sie viele Fans.

UNTEN RECHTS: „Jackie", eine Reproduktion des Jubiläumsbären von 1953, wurde zuerst im Jahre 1988 hergestellt; hier sieht man alle bis heute produzierten Größen.

| Produktionsjahr | | Replik-Produktcode | Beschreibung | Anzahl | Seltenheitsfaktor |
Original	Replik				
1905	1987	0163/19	Teddy Clown Jr.	3000 USA mit weißem Etikett (es wurden noch 2000 mit gelbem Etikett herausgegeben)	8–9
1925	1987	0171/41	Teddy Rose	10000 W/W	6–7
1907	1987	0227/33	Schnuffy	zeitlich limitierte Produktion für USA, später etwa 300 nach Großbritannien (unbekleidet) (man beachte: Knopf, kein Etikett)	7
o. J.	1987	0131/00	Three Bears in a Tub (3 Bären in der Wanne) Metzger, Bäcker und Kerzenmacher	1800 USA	7–8
o. J.	1988	0227/33	Baby Ophelia	unbestimmte Limitierung für USA, nur Knopf im Ohr	6
o. J.	1988	0120/10	Bear Bandsman (Musiker-Teddy aus der Zirkus-Serie)	5000 USA	5–6

PRODUKTIONSJAHR		REPLIK-PRODUKTCODE	BESCHREIBUNG	ANZAHL	SELTENHEITS-FAKTOR
ORIGINAL	REPLIK				
1953	1988	0190/35	Jackie Bär (groß)	4000 W/W	5–6
1908	1988	0155/18	Roly-Poly Bear (Stehaufbär)	3000 USA	7
1908	1988	0174/46	White Muzzle Bear (weißer Bär mit Maulkorb) (mittelgroß)	5000 USA	7–8
1907	1988	0173/40	Teddybär schwarz (mit Ledernase)	4000 W/W	8–9
1924	1988	0132/24	Wiwag mit Teddybären 2 kleine Bären und fahrbare Wippe	4000 W/W	5–6
1907	1989	0174/61	British-Collector's-Serie-Bar (Nr. 1)	2000 GB	9–10
1939	1989	0135/20	Baby-Bar auf Wagen	4000 W/W	4–5
1931	1989	0130/28	Teddy auf allen Vieren	4000 USA	6
1908	1989 Neuauflage 1991 (USA)	0158/17	Druckknopf-Teddy	5000 W/W	5–6
o. J.	1989	0175/19	Teddy Bear Ringmaster	7000 USA	4–5
o. J.	1989	0163/20	Clown Teddy (Zirkusserie)	5000 USA	5

LINKS: Dieser schwarze Bär (von 1987) machte in England Furore. Wegen der geringen Stückzahl verdreifachte sich sein Preis innerhalb eines Jahres (Größe 40 cm).

UNTEN: Der „Druckknopf"-Teddy von 1989 mißt 17 cm.

LIMITIERTE EDITIONEN

LINKS: Die messingfarbene „Petsy"-Replik wurde 1989 herausgegeben; sie mißt 25 cm.

RECHTS: Eine Reproduktion des blauäugigen "Zweifarbigen Petsy" von 1989. Der Teddy ist 50 cm groß.

Produktionsjahr		Replik-Produktcode	Beschreibung	Anzahl	Seltenheitsfaktor
Original	Replik				
1927	1989	0181/35	Petsy, messingfarben	5 000 W/W	6
1953	1989	0190/17	Jackie Bar	12 000 W/W	4
1927	1989	0180/50	2farbg. Petsy, Mittelnaht	5 000 USA	6–7
1908	1989	0174/60	White Muzzle Bear (Bär mit Maulkorb, weiß) (groß)	2 650 USA	9–10
1908	1990	0174/35	Bar mit Maulkorb, weiß (klein)	6 000 W/W	5
1926	1990	0169/65	Happy-Jubiläums-Replik	5 000 W/W	8–9
1925	1990	0171/25	Teddy Rose (klein)	8 000 W/W	5
o. J.	1990	0177/19	Teddy Baby Food Vendor (Zirkusserie)	5 000 USA	4–5
1955	1990	0188/25	Teddy mit Halsmechanik	4 000 W/W	5–6
1909	1990	0164/29	Purzelbaum-Bar	5 000 W/W	6–7
1906	1990	0174/33	British-Collector's-Serie-Bar (Nr. 2)	3 000 GB	5–6
1913	1990	0116/25	Rekord-Teddy (auf Rädern)	4 000 W/W	7–8
o. J.	1991	650529 (EAN)	Teddy Baby Ticket Seller (Kartenverkäufer, Zirkusserie)	5 000 USA	4–5
1903	1991	404108 (EAN)	35PB-Replik (50 cm) (in den USA oft als *Bärle* bezeichnet)	6 000 W/W	8

PRODUKTIONSJAHR		EAN- NUMMER	BESCHREIBUNG	ANZAHL	SELTENHEITS- FAKTOR
ORIGINAL	REPLIK				
1926	1991	407215	JUBILÄUMS-BÄR BABY HAPPY (40 cm) (auf dem Karton die Auflage falsch mit 5 000 angegeben, Zertifikat korrekt)	6 000 W/W	4–5
1912	1991	406096	BRITISH-COLLECTOR'S-SERIE-BÄR SCHWARZ (Nr. 3) (33 cm)	3 000 GB	5–6
1908	1991	406119	DUNKELBRAUNER TEDDY MIT MAULKORB (35 cm)	5 000 USA	4–5
1913	1991	400704	REKORD-TEDDY ROSE (auf Rädern)	4 000 W/W	3–4
1931	1991	408113	YELLOW TEDDY BABY (gelbes Teddy-Baby) (15 cm)	5 000 USA	4
1931	1991	408114	YELLOW TEDDY BABY (32 cm)	5 000 USA (wenig später nach GB geliefert)	4
o. J.	1991	650529	TEDDY BABY TICKET SELLER (Zirkusserie)	5 000 USA	4
1930	1991	606106	TEDDY BABY UHREN-SET (1. Auflage – Bär und 13 Armbanduhren)	2 000 W/W	8 (komplettes Set)
1930	1992	606304	TEDDY BABY UHREN-SET (2. Auflage – Bär und 13 Armbanduhren)	4 000 W/W	6–7

LINKS: Die Gruppe weißer Teddybären mit Maulkorb kam zwischen 1988 und 1990 heraus. Der größte Bär (60 cm) ist außerordentlich selten. Die anderen sind 35 cm und 46 cm groß. Die meisten Sammler entfernen die Maulkörbe.

RECHTS: Die 35PB-Replik wurde 1991 herausgegeben. Der Teddy hat Schnurgelenke und eine Siegellacknase (Größe 50 cm).

UNTEN: Der purzelbaumschlagende oder „Purzel"-Teddy kam 1990 heraus. Er mißt 29 cm und hat einen Aufziehmechanismus.

LIMITIERTE EDITIONEN

LINKS: In der British-Collector's-Serie gibt es wunderschöne Teddybären. Dieser braune Petz stammt aus dem Jahr 1993 (Größe 60 cm)

RECHTS: Ein weiterer Teddy aus der British-Collector´s-Serie von 1992 (Größe 40 cm).

PRODUKTIONSJAHR		EAN-NUMMER	BESCHREIBUNG	ANZAHL	SELTENHEITS-FAKTOR
ORIGINAL	REPLIK				
1911	1992	406645	BRITISH-COLLECTOR'S-SERIE-BAR, WEISS (Nr. 4) (in England auch als *Louise* bezeichnet) (40 cm)	3 000 GB	4–5
1928	1992	407482	MUSIK-TEDDY, GELB (40 cm)	8 000 W/W	3–4
1930	1992	407550	DICKY BAR, WEISS (25 cm)	9 000 W/W	3
1930	1992	407574	DICKY BAR, WEISS (33 cm)	7 000 W/W	3
1912	1992	406805	KLEINER SCHWARZER BAR (40 cm)	7 000 W/W	3–4
1912	1992	406774	„OTTO", 1. AUFLAGE NEW USA COLLECTORS SPECIAL (40 cm)	5 000 W/W	3–4
1974	1992	400872	BAR MIT WIPPE UND AFFE (auf Rädern)	4 000 W/W	3
o. J.	1992	038006 (WO38006)	ARCHE NOAH MIT HERRN UND FRAU NOAH (20 cm) mit Bambus-Arche (Hinweis: in USA alternativ mit Holz-Arche)	8 000 W/W	4
1905	1993	404207	BÄRLE 35PAB (35 cm)	6 000 W/W	3–4
1926	1993	400919	UR-TEDDY (20 cm)	4 000 W/W	1

Produktionsjahr		EAN-Nummer	Beschreibung	Anzahl	Seltenheitsfaktor
Original	Replik				
1951	1993	408458	Musik-Teddy (35 cm)	5000 W/W	2
1907	1993	406010	Brauner Teddybär 1907 (70 cm)	5000 W/W	4–5
1930	1993	407512	Teddy-Mädchen, bekleidet	7000 W/W	1
1930	1993	407529	Teddy-Junge, bekleidet	2000 W/W	1
1907	1993	406065	British-Collector's-Serie, grosser brauner Bär (Nr. 5) (60 cm)	3000 W/W	4
1903	1993	650574	Alice, 2. Auflage, USA Special Collectors Series	5000 W/W	3
o. J.	1993	038327	Bären-Set für Arche-Serie (2 Bären)	8000 W/W	2
1929	1992/93	420016	1. Auflage Steiff-Club-Bar Blaues Teddy-Baby (28 cm)	ca. 7500 außerhalb der USA	nur für Steiff-Club-Mitglieder
o. J.	1993/94	420023	2. Auflage Steiff-Club-Bar Teddy Clown (28 cm)	außerhalb der USA	nur für Steiff-Club-Mitglieder
o. J.	1993/94	420801	1. Auflage Steiff-Club USA Teddy Sam	innerhalb der USA	nur für Steiff-Club-Mitglieder in den USA

LINKS: Die erste Auflage für den Steiff Collector´s Club der USA war ein Bär namens „Sam" (Größe 28 cm) im Jahre 1994.

RECHTS: Der Europäische Sammlerclub, gegründet im Jahre 1993, wurde zum großen Erfolg. Das „Blaue Teddy-Baby" (28 cm) wurde exklusiv für Clubmitglieder produziert.

LIMITIERTE EDITIONEN

Limitierte Auflagen von Steiff

LINKS: Der reizende „Teddy Clown" wurde im Jahre 1986 hergestellt; er mißt 32 cm. Wie alle Sammlerbären von Steiff ist er aus feinstem Mohairplüsch handgearbeitet.

RECHTS: Der kleine, graue „Richard Steiff" von 1982/83 (32 cm). Er basiert auf dem Prototyp von Richard Steiff und ist bei Sammlern der große Renner.

OBEN: „Dicky" wurde im Jahre 1985 in einer sehr großen limitierten Edition von 20 000 Stück produziert, trotzdem steigt sein Sammlerwert (Größe 32 cm).

OBEN: „Circus Dolly" aus dem Jahre 1987 wurde in vier Farben produziert. Der Teddy wurde zuerst in den USA, dann weltweit vertrieben.

DIE ZEIT DER TEDDYBÄRENKÜNSTLER

Bei dem Versuch, den Begriff „Teddybärenkünstler" zu definieren, ergibt sich zwangsläufig ein Problem: Die ganze Thematik ist so umstritten und gefühlsbetont, daß man dabei unweigerlich einige Leute vor den Kopf stößt.

Vielleicht unterscheidet sich der echte Teddybärenkünstler von allen anderen Handwerkern oder Bärenherstellern hauptsächlich durch sein Geschick, relativ unbeeinflußt von gängigen Modetrends einen Teddybären von einmaliger Qualität und Persönlichkeit entwerfen zu können. Das ist nicht in erster Linie eine Frage von handwerklichem Können, so erstrebenswert dies auch sein mag. Das Design muß originell sein und von klaren ästhetischen Qualitäten und Stilgefühl zeugen.

Handwerklich kompetente Bärenhersteller gibt es viele, und ihre Produkte sind solide und gewissenhaft verarbeitet, aber es will ihnen einfach nicht gelingen, einen Teddy zum Leben zu erwecken, oder, wie unser alter Freund Steve Schutt oft sagt: „dem Bären eine Seele einzuhauchen". Ein solcher Teddybär muß auf den ersten Blick als Werk eines individuellen Künstlers zu erkennen sein, so wie zum Beispiel ein Gemälde van Goghs auf den ersten Blick vom Werk eines Hobbymalers zu unterscheiden ist.

Künstler müssen innovativ sein, sonst werden ihre Bären trivial und nicht zu beseelten Persönlichkeiten, die uns sofort gefangennehmen. Der wirkliche Teddybärenkünstler verfügt über ein breitgefächertes Repertoire, er geht Risiken ein und fürchtet sich nicht, mit Konventionen zu brechen. Und sein sicherer Instinkt (ver)führt ihn dazu, alles zu wagen – vom klassischen bis zum drolligen und manchmal ungewöhnlichen Design. Er experimentiert mit Materialien, Techniken und Konzeptionen, und er variiert seine Entwürfe, ist aber niemals ganz zufrieden mit dem Ergebnis.

Wann und wo hat die Teddybärenkunst eigentlich begonnen? Die wirklichen Ur-

OBEN: Diane Gard (USA) gestaltete „Billy Ray" nach einem amerikanischen Football-Helden. Er wurde exklusiv für die „1992 Walt Disney World Doll and Teddy Bear Convention" hergestellt.

sprünge liegen ziemlich im dunkeln. Allerdings brauchen wir nur in die Vereinigten Staaten der siebziger Jahre zurückzukehren: Dort finden wir die führenden Köpfe und die wahren Pioniere dieser Bewegung.

Die meisten der ersten Bären-Kunsthandwerker und deren Nachfolger standen weitgehend unter dem Einfluß zweier Engländer: Margaret Hutchings, Journalistin bei einer der führenden Zeitungen Großbritanniens, die im Jahre 1964 das Standardwerk der Teddybärenherstellung „The Book of the Teddy Bear" schrieb, und natürlich Peter Bull.

Die erste Teddybärenkünstlerin war die Amerikanerin Beverley Port. Seit den siebziger Jahren unterrichtete sie viele zeitgenössische Teddybärenkünstler und wies ihnen den Weg. Sie hatte sich von allen traditionellen Beschränkungen und Vorurteilen freigemacht, die sie als Puppenkünstlerin beeinträchtigten, um sich ganz dem Entwurf von Teddybären zu widmen. Viele andere fühlten sich durch ihr Beispiel ermutigt. Sie gilt als „Mutter" der Teddybärenkunst.

Im Jahre 1980 verfaßten die Amerikaner Alan und Peggy Bialosky das Buch „Teddy Bears Catalogue", das allen Teddy-Liebhabern Bestätigung und neuen Auftrieb gab.

Carol-Lynn Rössell Waugh, selbst ehemalige Puppenherstellerin, gehört zu den ersten Anhängern dieser neuen Teddybären-Bewegung. Als Kunsthistorikerin wurde sie zur bekannten Autorität auf diesem Gebiet, und vermutlich war sie es auch, die den Begriff „Teddybärenkünstler" prägte. Jahrelang hat sie viel zu diesem Thema veröffentlicht und damit die Arbeit der anderen Künstler unterstützt, außerdem produzierte sie selbst viele hübsche Bären und fertigte Entwürfe für große Herstellerfirmen.

Ein anderer Künstler, der unbestreitbar die Bewegung nicht zuletzt mit eigenen Ideen beeinflußte, war Ted Menten. Als Fotograf und Autor inspirierte er mit seinen vielen zauberhaften Teddybärbüchern manch anderen Bärenkünstler. Seine umwerfende Parodie auf das Magazin *Harper's Bazaar* mit dem Titel „Teddy's Bearzaar" bot den beteiligten Künstlern die einmalige Chance, Bären mit ganz besonderem Charme zu entwerfen. Die Models des bekannten Modemagazins wurden in den Anzeigen und Artikeln durch Teddybären ersetzt, und es entstand ein absolut wunderbares, originelles und lustiges Buch, das dazu beitrug, neue Horizonte zu eröffnen und, noch wichtiger, das Ansehen der Künstler zu heben und den Sammelwert ihrer Teddybären zu steigern.

Um 1982/83 gab es jede Menge ehrgeiziger Leute, die Interesse an der Herstellung neuer Bären fanden, und manch einer aus dieser Gruppe erwies sich als begabt und entwicklungsfähig. Außerdem fing man an, regelmäßig Teddybär-Ausstellungen zu veranstalten, die einer neuen Generation von Bärenproduzenten zur Berühmtheit verhalfen – wahren Künstlern, die außer Kunst nicht nur neue und interessante Designkonzepte zu bieten hatten, sondern auch eine Gruppe oder Gemeinschaft von Gleichgesinnten gründen wollten. Zu den engagiertesten dieser Zunft gehörten Steve Schutt, Diane Gard, Joan Woessner, Anne Cranshaw und Denis Shaw. Sie alle waren ein Beispiel für Integrität und starke ethische Prinzipien, von unschätzbarem Wert für die Bärenkünstler der folgenden Jahre.

Nun war es sowohl für jene Enthusiasten als auch für andere Teddybärenkünstler an der Zeit, mit dem Austausch von Ideen mit interessierten Leuten zu beginnen. Die Bewegung zog schnell ihre Kreise, neue und phantasievolle Teddybären wurden just in dem Moment hergestellt, in dem die Sammler im wahrsten Sinn des Wortes nach etwas Neuem gierten, das originell und nicht zu teuer war. Künstler und Sammler fanden zueinander, und das ist bis heute so geblieben. Auf diese Weise breitete sich der Einfluß amerikanischer Teddybärenkünstler auch auf andere Länder aus, besonders auf Großbritannien. In den Niederlanden, in Deutschland, Australien, Neuseeland und Japan hingegen sind eigene Märkte für Künstlerbären erst im Entstehen begriffen.

Bärenkünstler in aller Welt sollten nicht vergessen, daß die amerikanischen Teddybärenkünstler den Weg gewiesen haben, und sie sollten sich bei der Arbeit an eigenen Kreationen davon inspirieren lassen. In Großbritannien konnte der Standard der Künstlerbären enorm angehoben werden. Die Ergebnisse einiger hochbegabter Künstler lassen sich durchaus mit den amerikanischen Teddys vergleichen; ähnliche Entwicklungen sind auch in anderen Ländern zu beobachten.

Zweifellos ist der Künstlerbär zur Zeit groß in Mode, es hat sich ein riesiger internationaler Markt etabliert. Dieser ist zur Zeit der anteilmäßig bedeutendste Markt der drei in unserem Buch beschriebenen Kategorien (historische Teddybären, zeitgenössische Teddys und Künstlerbären). Zum Teil liegt das an den extrem hohen Preisen für alte Teddys und auch daran, daß es leider immer weniger wirklich originelle zeitgenössische Alternativen gibt, die obendrein vergleichsweise viel zu teuer sind.

Die immense Vielfalt, Persönlichkeit und Qualität der Künstlerbären kommt den Wünschen des Sammlers von heute offenbar sehr entgegen – einem Sammler, der entschieden gebildeter, besser informiert, kritikfähiger und anspruchsvoller ist als noch vor zehn Jahren.

OBEN: Jo Greeno schuf im Jahre 1993 „Miss Marple" (Größe 48 cm) nach der berühmten Detektivin in Agatha Christies Romanen. Jo ist auf Charaktere vergangener Zeiten spezialisiert, die in kleiner Auflage oder als Unikate gefertigt werden.

TEDDYBÄREN-GALERIE

Weltweit produzieren nunmehr Künstler Teddybären speziell für Warenhäuser, sie fertigen limitierte Editionen, Unikate, aber auch Entwürfe für wohltätige Zwecke sowie Ausstellungsstücke an. Für fast jeden Geschmack und jeden Geldbeutel gibt es eine immense Auswahl an schönen Bären. Beachtenswert ist, daß die meisten Künstler sich weigern, größere Mengen eines Modells herzustellen. Die Limitierung der Auflage steigert natürlich die Aussicht auf zukünftige Wertsteigerungen; Bärenunikate und kleine Editionen sind vermutlich heißbegehrte Raritäten künftiger Sammlergenerationen. Natürlich kann jeder Bärenhersteller einen einzigartigen Teddybären auf den Markt bringen – vielleicht erweisen sich jedoch nur die Bären renommierter Künstler später als gute Investition.

Aber wer weiß, was den zukünftigen Generationen von Arctophilen gefallen wird. Darum sollten wir einfach unserer Leidenschaft frönen und Künstlerbären sammeln – ganz gleich, was sie einmal wert sein mögen.

OBEN: Billee Henderson (USA) ist preisgekrönte Teddybär-Designerin und in vielen Stilrichtungen zu Hause. „James", ein traditioneller Teddy, stammt von 1993.

OBEN: Kathy Wallace (USA) fertigt seit 1982 Teddybären. Ihre Entwürfe sind traditionell und haben viel Charme. „German Gold" von 1991 mißt 62 cm.

TEDDYBÄREN-PORTRÄTS

OBEN: Die Amerikanerin Ena Hammond kreiert sehr eigenwillige Bärenpersönlichkeiten, wie „Woolly Bear" aus dem Jahre 1991. Er ist 30 cm groß.

OBEN: Anne Inman (USA) ist bekannt für innovative Ideen. „Strawberries and Cream" („Erdbeeren mit Sahne") ist mit Duftkügelchen gefüllt! Die Teddydame wurde im Jahre 1993 hergestellt (Größe 48 cm).

LINKS: „Lady Margaret" (Größe 84 cm) wurde von Marcia Sibol, einer der bedeutendsten Bärenkünstlerinnen Amerikas, im Jahre 1991 eigens für die Autoren dieses Buches angefertigt. Sie ist die Klatschkolumnistin der „Teddy Bear Times".

OBEN Teresa Rowe gehört zu den vielversprechenden Künstlerinnen Großbritanniens. „Der verrückte Hutmacher", eine Figur aus „Alice im Wunderland", stammt aus dem Jahre 1994; Höhe 30, 5 cm.

TEDDYBÄREN-GALERIE

OBEN: Putzige Zirkusbären (5 cm, 1993) von Deborah Canham, einer der begabtesten Bärenkünstlerinnen Großbritanniens.

OBEN: „Wizard" von Brenda Dewey (USA), um 1993. Der Bär mißt 13 cm und ist ein typischer Phantasie-Bär. Größe und Charakter variieren bei diesen Teddys, die meist in limitierter Auflage oder als Unikate erscheinen.

OBEN: „Bearlin the White Wizard" von Kathryn Riley (1993). Erstaunlicherweise ist er erst die dritte Teddybären-Kreation der Künstlerin.

OBEN: Janet Clark macht seit drei Jahren Teddys und gehört zu den besten Künstlerinnen Großbritanniens: „Loving" aus dem Jahre 1994.

OBEN: „Elfinbeary Peach" (14 cm) beweist die Vielseitigkeit und Kreativität von Joan Woessner und bestätigt damit ihren Rang als eine der hervorragenden amerikanischen Bärenkünstlerinnen (1992).

OBEN: Dee Hockenberry (USA), Schöpferin von „Mr. Bruin" (1990, Größe 37 cm), ist eine der weltweit führenden Expertinnen für alte Bären und außerdem eine sehr talentierte Künstlerin.

OBEN: „Jenny-Lynn" von Carol-Lynn Rössell Waugh (USA) von 1993 (Größe 50 cm). Carol-Lynn ist nicht nur eine der führenden Bärenkünstlerinnen, sondern auch eine sehr produktive Schriftstellerin. Sie entwarf zahlreiche Teddys für bekannte Herstellerfirmen.

OBEN: Anne Cranshaws (USA) „Casco Bear" (1993, Größe 37 cm) ist ein netter kleiner Bursche, entworfen für „Teddies of the World '93".

OBEN: „Antique Gray Bear" wurde von Barbara Conley (USA) 1993 in traditionellem Stil und in konventioneller Arbeitsweise gefertigt (Größe 39 cm).

OBEN: Lynda Graves (Großbritannien) fertigt immer nur eine geringe Anzahl ihrer Bärenpersönlichkeiten an. „Stargazer" wurde im Jahre 1993 in einer Auflage von drei Exemplaren hergestellt (Größe 41 cm).

OBEN: Bevor sie ihr Talent für Künstlerbären entdeckte, arbeitete Pam Howells (Großbritannien) als Designerin bei Chiltern. Hier „Charlotte" von 1993 (58 cm).

OBEN: Die hübschen Clowns mit Namen „Cornetto" und „Pauro" wurden von Shirley Latimer (Großbritannien) im Jahre 1993 angefertigt. Sie sind 38 cm und 9 cm groß.

OBEN: „Marisa Bearensen" von Diane Gard von 1988 (Größe 60 cm). Sie wurde für Ted Mentens Parodie auf die Modezeitschrift „Harper's Bazaar" hergestellt. „Marisa" trägt ein Abendkleid von „Yves St. Bearant".

OBEN: Celia Baham (USA) ist eine produktive Künstlerin mit viel Phantasie. Der „Roosevelt Bär" auf der Abbildung stammt aus ihrer zweiten Edition. Er wurde 1993 produziert und mißt 46 cm.

OBEN: Sue Quinns Popularität hat sich von ihrem Heimatland Großbritannien auf die übrige Welt ausgebreitet. „Sugar Plum Bear" stammt von 1993 und mißt 33 cm.

OBEN: „Debbie", ein Teenager der fünfziger Jahre und natürlich ein großer Elvis-Fan! Sie wurde von Diane Gard (USA) im Jahre 1994 in einer limitierten Auflage von zehn Bären hergestellt; sie mißt 76 cm.

OBEN: Die Bären von Rosalie Frischmann (USA) sind sehr gefragt. „Murphy" stammt aus dem Jahre 1991 und ist 58 cm groß.

OBEN: Janet Clarks (Großbritannien) reizende Bärendame namens „Sophie" entstand für die „Teddies of the World '93 convention" (Größe 56 cm).

OBEN: „Gerry's Teddy at Play" wurde speziell für die Autoren von Jane Humme aus den Niederlanden im Jahre 1993 entworfen (Größe 7 cm).

LINKS: Zu den wenigen männlichen Bärenkünstlern Großbritanniens zählt Gregory Gyllenship. Er bevorzugt traditionelle Entwürfe wie „Alexander" (sitzend) und „Gilbert" (1993, Größe 41 cm).

OBEN: Noch mehr niedliche Bärengeschöpfe von Dee Hockenberry (USA). Diese hier nennen sich „Timeless Teddies" und sind 30 cm und 36 cm groß.

OBEN: Präzision und Qualität vereinen sich in Nancy Crowes (USA) Arbeit. „Sandman" stammt aus dem Jahr 1993 und mißt 38 cm.

OBEN: „Luke", ein anderes Modell der entzückenden Teddys der talentierten niederländischen Künstlerin Jane Humme (Größe 18 cm, Herstellungsjahr 1993).

OBEN: „Buster" von Brian Beacock (Großbritannien) aus dem Jahre 1987, Größe 50 cm. Dr. Brian ist eher als Teddybär-Restaurator bekannt, er hat jedoch auch selbst einige Bären entworfen.

OBEN: „Marvin the Magician" (1993) von einer der besten Künstlerinnen Großbritanniens – Naomi Laight. Sie bekleidet ihre Bären selten, Marvin aber demonstriert ihren geschickten Umgang mit historischen Stoffen.

OBEN: „Huxley" von Denis Shaw (USA) – ein reizender Bursche, wie aus dem richtigen Bärenleben. Er wurde im Jahre 1993 hergestellt und mißt 24 cm.

TEDDYBÄREN-GALERIE

OBEN: Janet Reeves gehört zu den erfolgreichsten Teddybärenkünstlern Amerikas, und ihre Petze sind auf der ganzen Welt gefragt. „Miss Hildegard" stammt von 1993 und mißt 44 cm.

OBEN: „Hans-Werner Jäger" (Größe 52 cm) stammt von der deutschen Künstlerin Heike Gumpp und beweist ihr gutes Auge für Details.

OBEN: „Emmett" gehört zu der wundervollen Bedy-By-Serie von Steve Schutt. Sehr typisch sind die langen Gliedmaßen (1991, Größe 37 cm).

OBEN: „The Strawberry Picker" („Die Erdbeerpflückerin") von Linda Edwards (Großbritannien) ist eine Pracht-Kreation aus dem Jahre 1993 (Größe 43 cm).

75

OBEN: Diese Bären in traditionellem Gewand „Sumo Bear Yokozuna" und „Kimono" (1993, Größe 13 cm) stammen von der japanischen Künstlerin Terumi Nishiyama.

OBEN: Qualität und Details dieser bemerkenswerten Bärendame von Marcia Sibol (USA) sprechen für sich. „Jenny" stammt aus dem Jahre 1991 und ist 37 cm groß.

OBEN: „Pearly King and Queen" von Nicola Perkins (Großbritannien), einer der besten Miniatur-Künstlerinnen. Dieses typisch britische Paar mißt jeweils 7,5 cm.

OBEN: Mary Holden (Großbritannien) produziert ihre Bären gern so umweltfreundlich wie möglich und stopft sie mit reiner Wolle. „Baby George" mißt 46 cm (1994).

WO UND WIE KAUFT MAN TEDDYBÄREN?

Allen Sammlern stellt sich die gleiche Frage: Was soll ich sammeln, und wieviel Geld möchte ich ausgeben? Als erstes müssen Sie für sich die Entscheidung treffen, ob Sie Teddybären allein aus Lust und Liebe sammeln wollen, oder ob diese in erster Linie eine Kapitalanlage werden sollen. Beide Motivationen erfordern jeweils andere Überlegungen. Es bieten sich Ihnen jede Menge Gelegenheiten, Teddybären zu kaufen oder zu verkaufen; überall können Sie Glück haben – aber Vorsicht, Sie können auch reinfallen!

SELTENHEITSFAKTOR

So beliebt sie auch alle sein mögen, es liegt auf der Hand, daß manche Teddybären seltener sind als andere. Meistens liegt das daran, daß nur sehr wenige Exemplare eines Modells hergestellt wurden. Es kommt vor, daß man einem Teddybären von unbestreitbarer Qualität und Ausstrahlung nur deshalb Seltenheitswert unterstellt, weil es extrem schwierig ist, ihn einem bestimmten Hersteller zuzuordnen. Glücklicherweise ist man über eine ganze Reihe von Fabrikanten gut informiert, und die charakteristischen Merkmale können anhand von Firmenunterlagen und anderen verläßlichen Quellen eindeutig identifiziert werden. Bestes Beispiel ist die Firma Steiff, aber selbst da fällt manchmal die klare Zuordnung schwer. Allzuoft gibt es jedoch wenig oder gar keine zuverlässigen Informationen über den Hersteller, und das stellt manch einen vor ein schier unlösbares Problem.

Allgemein gilt: Angebot und Nachfrage bestimmen den Wert der meisten Bären, egal, ob sie rar sind oder nicht! Viele zeitgenössische limitierte Editionen haben schon nach ein paar Jahren Seltenheitswert. Und ist nicht jedes Unikat eines Künstlers eine potentielle Rarität?

WORAUF SIE BEI EINEM ALTEN BÄREN ACHTEN SOLLTEN

Wenn Sie einen Teddy kaufen wollen, weil es Ihnen einfach Spaß macht, alte Bären aufzustöbern, dann brauchen Sie ihm eigentlich nur in die Augen zu sehen (dem Bären, nicht dem Händler!). Wenn es keine Liebe auf den ersten Blick ist, dann wird sie sich wohl auch später nicht einstellen.

Vielleicht ist in erster Linie die Persönlichkeit des Bären ausschlaggebend; das ist eine ausgesprochen subjektive und sehr persönliche Angelegenheit. Bei alten Bären ist auch der Allgemeinzustand ein wichtiges Kriterium. Es liegt jedoch ganz bei Ihnen, wo Sie die Grenze ziehen. Erwarten Sie nicht, einen alten Bären in neuwertigem Zustand vorzufinden! Im Gegenteil: Für die Persönlichkeit eines heißgeliebten Teddys ist es oft von Vorteil, wenn oft mit ihm gespielt wurde.

FÄLSCHUNGEN

Je stärker der Wert alter Teddybären ins öffentliche Bewußtsein drang, desto häufiger traten skrupellose Gauner auf, die sich auf Fälschungen spezialisiert hatten. Wenn man bedenkt, daß Hersteller wirklich gute Kopien ihrer alten Bären auf den Markt bringen und daß einige Künstler wirklich sehr schöne, alt aussehende Bären anfertigen können, so kann man sich vorstellen, wie leicht ein unerfahrener Sammler an der Nase herumgeführt werden kann. Das Fälschen von Teddybären kann zu einer äußerst lukrativen Beschäftigung für Betrüger werden!

Allerdings sind die meisten Fälscher ziemlich unbedarft und legen sich meist selbst rein, gelegentlich jedoch stößt man auf eine wirklich gute Fälschung. Seien Sie also auf der Hut – und denken Sie daran: Es muß nicht unbedingt der teuerste Bär sein, der dem Fälscher zu einem schönen Verdienst verhilft! Wenn Sie auch nur der kleinste Verdacht oder Zweifel plagt, lassen Sie die Finger von dem Bären!

SPEZIALGESCHÄFTE FÜR SAMMLER

In Großbritannien, den Niederlanden und den USA gibt es viele Geschäfte speziell für Sammler. Auch in anderen Ländern werden ständig neue eröffnet. Was kennzeichnet ein seriöses Geschäft für den Sammler? Unserer Meinung nach muß es ein Laden sein, der sich ausschließlich an den Wünschen des Sammlers orientiert und nicht am Bedarf von Touristen oder Passanten. Und es ist ganz gewiß kein Geschenke-, Antiquitäten- oder Spielwarengeschäft. Obwohl letztgenannte durchaus vertrauenswürdig sind, gehören sie nicht in dieselbe Kategorie wie ein Spezialgeschäft, das sich ausschließlich in die Dienste von Sammlern gestellt hat. Es gibt Läden für Sammler, die nur alte Bären im

Angebot haben, während andere zeitgenössische und von Künstlerhand geschaffene Teddys mit Sammlerwert verkaufen, und wieder andere alle drei Kategorien führen.

Jeder Sammler muß die für ihn richtigen Geschäfte selber finden, denen er aufgrund von Professionalität, Solidität und hohem Qualitätsniveau vertrauen kann. Wie für alle Sammelobjekte gibt es auch für Teddybären hoch angesehene Experten mit hervorragendem Ruf, die über wesentlich mehr Erfahrung verfügen als andere. Im allgemeinen können Sie bei diesen Händlern kompetenten Rat einholen, was den Wert und die richtige Identifizierung eines Teddybären betrifft.

OBEN: Auch wenn der Knopf fehlt, beweisen Qualität und Design, daß es sich hier um einen Steiff-Teddy (1907/1908) handelt. Bären wie diesen kaufen Sie am besten bei einem renommierten Händler.

– WIE PRÜFT MAN DEN ZUSTAND EINES TEDDYBÄREN? –

Vergleichen Sie die Farbe des Mohairplüschs in den Gelenken mit dem Rest des Teddys. So können Sie feststellen, wie verblichen der Bär tatsächlich ist. Auch wenn die Farbe stark verblaßt ist – der Teddy ist vielleicht einfach in Würde gealtert. Das Fell sollte im großen und ganzen in Ordnung sein.

Die Stickerei im Bärengesicht sollte zum Charakter passen. Ist sie glänzend und neu, wurde sie vielleicht erst kürzlich ergänzt. Das macht nicht unbedingt viel aus, oft jedoch erhält der Teddy durch stilistisch unpassende Stiche an Nase oder Mund ein falsches Aussehen. Natürlich kann der Fehler auch vor vierzig Jahren beim Besuch einer Teddybärenklinik passiert sein, deshalb sollten Sie so viel wie möglich über den Originalstil der Nase wissen.

Sind die Augen noch original? In vielen Fällen sind sie es nicht! In diesem Fall vergewissern Sie sich, daß sie die richtige Größe und Farbe haben und ordnungsgemäß befestigt sind.

Sitzen die Gliedmaßen fest, oder hat man Kopf oder Beine mit ein paar versteckten Stichen zusätzlich verankert?

Zeigt das Fell des Bären Risse oder offene Nähte? Sind die Pfoten beschädigt?

Funktioniert die Brummstimme oder der Quiekser? Meistens ist das nicht der Fall, und der heutzutage erhältliche Ersatz ist leider oft minderwertig und leicht als solcher zu erkennen.

– WORAN ERKENNT MAN EINE FÄLSCHUNG? –

Reiben Sie mit den Händen leicht über das Fell des Teddybären – werden sie schmutzig, hat man die Patina wahrscheinlich erst kürzlich aufgetragen.

Riechen Sie am Bären – er sollte einen natürlich muffigen Geruch haben und nicht ausgeprägt nach Tabak oder Staub riechen.

Prüfen Sie die Abnutzungserscheinungen. Altersbedingte Schnitte und Risse sind selten so exakt und sauber wie mit dem Messer geschnitten. Mohairplüsch ist von Natur aus ungleichmäßig und lückenhaft. Deshalb überprüfen Sie sorgfältig den Fellhintergrund auf Kratzer, die von einer Drahtbürste oder Sandpapier stammen könnten, um Verschleiß vorzutäuschen. Eine auf eine Bohrmaschine gesetzte Schleifscheibe oder -bürste erzeugt ein charakteristisches kreisförmiges Muster.

Auch bei guter Pflege haben die meisten vierzigjährigen oder älteren Bären unweigerlich Farbe eingebüßt. Im Innenbereich der Gelenke können Sie noch die ursprüngliche Farbe erkennen. In jedem Fall müssen Sie aber mit Verschleißspuren an anderen Stellen des Bären rechnen. Dagegen sieht das Fell eines erst kürzlich hergestellten Bären ziemlich gleichmäßig aus.

Halten Sie den Bär einfach in den Händen. Zeitgenössische Bären sind nämlich anders gestopft als alte, sie sehen anders aus und fühlen sich anders an. Um auf diese Weise den Unterschied zu erkennen, braucht man aber einige Erfahrung.

WEITERE INFORMATIONEN UND ADRESSEN

Wenn Sie den größtmöglichen persönlichen Gewinn aus dem Teddybären-Sammeln ziehen wollen, werden Sie sich auch bemühen, soviel Wissen wie möglich zu erwerben. Je erfahrener Sie in der Zuordnung eines alten Bären, dem Aufspüren einer günstigen Gelegenheit oder der Einschätzung einer Investition sind, desto weniger laufen Sie Gefahr, einem fundamentalen – und kostspieligen – Irrtum zu erliegen. Die folgenden Quellen können Ihnen bei der Erweiterung Ihrer Kenntnisse helfen.

MUSEEN
Hier einige Museen, die auf jeden Fall den Besuch lohnen:

USA
„Teddy Bear Museum" in Naples, Florida

GROSSBRITANNIEN
„Cotswold Teddy Bear Museum", High Street, Broadway, Worcestershire
WR 12 7AJ
„Bear Museum", 38 Dragon Street, Petersfield, Hampshire
GU 31 4JJ

DEUTSCHLAND
„Margarete Steiff Museum", Allen-Straße 2,
89537 Giengen (Brenz)

AUSSTELLUNGEN UND TAGUNGEN
machen nicht nur Spaß, sondern bieten auch Gelegenheit, Ihre Sammlung zu erweitern und Erfahrungen auszutauschen.

USA
ABC Unlimited Promotions Shows, Schaumberg, Illinois, sowie an anderen Orten *(mehrmals im Jahr)*
Bill Boyd's Teddy Bear Jubilee, Kansas City, Missouri *(jährlich)*
Serena Cohen's Liberty Artist Bear Show, Philadelphia, Pennsylvania *(jährlich)*
Disneyland Doll and Bear Convention, Anaheim, Kalifornien *(jährlich)*
Disney World Doll and Bear Conventions, Florida *(jährlich)*
Donna Harrison's Shows and Convention, Baltimore, Maryland *(zweimal im Jahr)*
ILTBC Convention, Orange, Kalifornien *(jährlich)*
Linda Mullins Shows, San Diego, Kalifornien *(zweimal im Jahr)*
Steve Schutt's Teddy Bear Reunion in the Heartland, Clarion, Iowa *(alle fünf Jahre, die nächste findet im Juni 2000 statt)*

JAPAN
Japan Teddy Bear Association Convention, Tokio *(jährlich)*

GROSSBRITANNIEN
Margaret and Gerry Grey's Teddy of the World Convention, Tagungsort wird noch festgelegt *(alle drei Jahre, nächster Termin ist 1999)*

Hugglets, Teddy Bear Fairs, and events, London und Stratford-on-Avon *(mehrmals im Jahr)*
Teddy Bear Times, British Bear Festivals, Croydon und Hove, East Sussex *(zweimal im Jahr)*

NIEDERLANDE
Rob und Inge Kuiters, Bären-Festival Schloß Amerongen *(immer im Mai)*

ZEITSCHRIFTEN
Überall auf der Welt werden viele Spezialzeitschriften publiziert.

Bear Facts Review, Australien
Beer Bericht, Niederlande (vier Ausgaben)
Cieslikis Teddy und seine Freunde, Deutschland
De Teddy-Beer, Niederlande (vier Ausgaben)
Hugglets Teddy Bear Magazine, Großbritannien (vier Ausgaben)
Teddy Bear and Friends, USA (sechs Ausgaben)
Teddy Bear Review, USA (fünf Ausgaben)
Teddy Bear Times, Großbritannien (sechs Ausgaben)